DORIS GELLER

Modulationslehre

BV 368
ISBN 978-3-7651-0368-1

3. Auflage 2021

Umschlag: Marion Schröder, Wiesbaden
Notengrafik und Layout: Ansgar Krause, Krefeld
Druck: Bräuning + Rudert OHG
Printed in Germany

Inhaltsverzeichnis

Vorwort

„Und jetzt modulieren Sie bitte von Es-dur nach d-moll, und zwar diatonisch!"
Welcher Absolvent einer Musikhochschule kennt diese Aufforderung nicht noch aus dem Tonsatzunterricht? Und wie vielen Studierenden bereitet die Aussicht, in der Abschlussprüfung von jeder x-beliebigen Tonart aus in irgendeine andere modulieren zu müssen – möglichst noch auf drei verschiedene Arten –, nicht schon Wochen vorher heftige Bauchschmerzen?
Modulation, die Technik des Übergangs von einer Tonart in eine andere, ist ein intensiv bearbeitetes Gebiet der Harmonielehre. Es eignet sich hervorragend als Prüfungsstoff und ist daher meist fester Bestandteil der Abschlussprüfung in Musiktheorie. Es bietet klare Aufgabenstellungen (moduliere von ... nach) und Methoden (diatonisch, enharmonisch, chromatisch), es ist gut abprüfbar (entweder man kommt in der Zieltonart an oder nicht) und gut einzuüben (von F-dur nach E-dur ..., Moment mal, das sind fünf Quinten, ach ja, das geht am besten, indem ...).
Geht man statistisch an das Gebiet der Modulation heran, so stellt man fest, dass die meisten Modulationsübungen überflüssig, weil praxisfern, sind: Von hundert Modulationen in klassischen Werken gehen etwa sechzig in die Dominanttonart. Ist daher die Fähigkeit, von jeder Tonart in jede andere zu gelangen, überhaupt sinnvoll?
Ja – wenn der Zweck der Übung nicht in sich selbst gesehen wird, sondern wenn das Ganze zu einem höheren Ziel führt. Denn wer sich mit Modulation beschäftigt, übt sich in praktischer Harmonielehre: Er macht sich Gedanken über die Möglichkeiten, eine Tonart darzustellen, über die Verwendung bestimmter Akkorde und ihrer Reihenfolge, über die Mehrdeutigkeit von Akkorden, er verschafft sich Klarheit über leitereigenes bzw. -fremdes Tonmaterial, er denkt also im Tonsystem – und nicht zuletzt übt er sich in Stimmführung. Wer moduliert, befasst sich also zwangsläufig mit sämtlichen Bereichen der Harmonielehre, vom Dominantseptakkord bis zur Enharmonik. Dieser „Nebeneffekt" der eingangs zitierten Modulationsaufgabe ist nicht zu unterschätzen und bildet das eigentliche „Modulationsziel"; die Zieltonart d-moll ist es jedenfalls nicht! Und so wird auch unsere anfangs nur unter pragmatischen Gesichtspunkten betrachtete Prüfungsaufgabe sinnvoll: Sie gibt dem Kandidaten die Möglichkeit, eine breite Palette von Kenntnissen und Fähigkeiten zu zeigen.
Wer dieses Buch durcharbeiten möchte, sollte mit den Grundbegriffen der Funktionstheorie vertraut sein, er kann es aber auch dazu benutzen, sie zu lernen bzw. wieder aufzufrischen. Klavierspielfähigkeiten sollten so weit vorhanden sein, dass akkordisches Spiel möglich ist.
Das Schwergewicht des Lehrgangs liegt auf dem eigenen Tun am Instrument; daher folgt dem Entwurf des Modulationsplans immer das Spiel der Modulation am Klavier. Dahinter steht der Gedanke, dass man das, was man greift, auch besser *be*-greift, zumal wenn das unmittelbare klangliche Feed-back verstärkend hinzutritt.
Wer die Aufgaben am Klavier durcharbeitet, lernt nicht nur zu modulieren. Er eignet sich damit auch ein Repertoire der unterschiedlichsten Kadenzen an, denn jede Modulation ist nichts weiter als die geschickte Kombination zweier Kadenzen. Diese sind auch als harmonische Modelle für Improvisationsübungen geeignet, was wenigstens im Ansatz gezeigt werden soll.
Wer nicht am Instrument modulieren kann oder möchte, kann die Aufgaben auch schriftlich lösen. Um einen rein theoretischen Überblick über die Harmonielehre zu bekommen, ist dies eine sehr effiziente Methode, die viel eher geeignet ist, das harmonische Verständnis zu fördern, als z. B. das Aussetzen bezifferter Generalbässe.
Die zu jeder Modulationsart bestehenden Aufgaben enthalten detaillierte Arbeitsanweisungen, die es auch dem Anfänger ermöglichen, recht bald zu einem Ergebnis zu kommen. Und wenn dieses auch nur darin bestünde, die Lust an der Erforschung und Erfahrung harmonischer Phänomene geweckt zu haben, dann hätte diese Arbeit schon ihren Zweck erfüllt.

Einführung

Schlägt man im *Riemann*-Lexikon nach, so findet man unter dem Stichwort „Modulation" folgende Definition: „der Übergang aus einer Tonart in eine andere bzw. das Übergehen der Bedeutung des Hauptklanges (Tonika) auf einen anderen Klang". Dies geschehe durch „Umdeutung der Akkorde aus der Bedeutung, welche sie in der zum Ausgange genommenen Tonart haben, zu derjenigen, welche ihnen in einer anderen Tonart zukommt". Ferner ist dort zu lesen, dass zunächst eine Ausgangstonart durch ihre wesentlichsten Akkorde eindeutig darzustellen sei und die Modulation mit einem eindeutigen Schluss in der Zieltonart ende.
Diese Definition stellt bereits eine Anweisung zum Modulieren dar, indem sie das Schema Ausgangskadenz – Umdeutungsvorgang – Zielkadenz aufstellt, welches gemeinhin als Grundlage für Modulationsübungen dient.
Verblüffend angesichts der doch sehr trockenen Formulierung ist die Tatsache, dass die meisten Modulationen, die in Musikstücken vorkommen, demselben Schema folgen: Der Ausgangskadenz entspricht dort der erste Formabschnitt, der sich auf die Harmonik der Haupttonart beschränkt; der nächste Teil, der in der neuen Tonart steht, steht für die Zielkadenz; dazwischen erfolgt die Modulation, meist innerhalb einer Überleitung. Dort gibt es einen kurzen Moment der Umorientierung, die Schnittstelle zwischen beiden Tonarten, an der die alte noch nicht ganz verlassen und die neue noch nicht erreicht ist.
Riemanns Modulationsbegriff setzt einen Umdeutungsvorgang voraus, was angesichts der Fülle an Modulationsarten, die ohne Umdeutung auskommen, eine Einschränkung darstellt. Die meisten Harmonielehren beschränken sich jedoch auf diesen Typus der Modulation – vielleicht weil er besonders „logisch" erscheint: Ein Element der Ausgangstonart wird umfunktioniert in ein Element der Zieltonart. Dies kann ein ganzer Akkord sein, wie bei der diatonischen Umdeutung, oder auch ein einzelner Akkordton, wie bei der enharmonischen und der tonzentralen Umdeutung. Die chromatische, die einstimmige und die Modulation durch Sequenz kommen dagegen ohne Umdeutung aus. Dennoch bieten auch diese Modulationsarten reizvolle Gestaltungsmöglichkeiten.
Bei all diesen Vorgängen wird dem Hörer eine gewisse Logik des harmonischen Geschehens vermittelt, er wird vom Komponisten so geleitet, dass er den Tonartwechsel verstehend mitvollziehen kann. Der übergangslose Tonartwechsel ist aber ebenfalls eine durchaus gängige Praxis. So wird in vielen Sonatensätzen der Klassik nicht etwa „vorschriftsmäßig" in die Dominanttonart moduliert, sondern die Überleitung endet einfach mit einem Halbschluss. Nach einer Zäsur geht es dann in der Dominanttonart weiter, als wäre diese schon immer dagewesen, und das neue Tonikagefühl stellt sich beim Hörer dann auf Grund von Gewöhnung von selbst ein. Dies ist ein gern genutztes Verfahren, mit dem die Riemannschen Forderungen umgangen werden.
Mozart verfährt so in den Kopfsätzen von immerhin sieben seiner Klaviersonaten. Ganz und gar „unlogisch" wird es aber, wenn der Hörer plötzlich mit einer weit entfernten Tonart konfrontiert wird. Der übergangslose Tonartwechsel wird im Gegensatz zur Modulation als Rückung bezeichnet und ist durchaus als Überraschungseffekt gedacht (siehe dazu: Thomas Krämer, *Lehrbuch der harmonischen Analyse*, Wiesbaden: Breitkopf & Härtel, 1996, S. 64: „Tonalitätssprünge").

Den Kern dieser Modulationslehre bilden die drei klassischen Modulationsarten, die diatonische, die enharmonische und die chromatische. Dazu tritt die Modulation durch Sequenz, sowohl diatonisch als auch chromatisch. Die in der Literatur außerdem manchmal zu findende einstimmige Modulation sowie die tonzentrale Modulation bieten weniger praktische Übungsmöglichkeiten, seien aber der Vollständigkeit halber wenigstens erwähnt.

Unsere Übungsmodulationen sollen die harmonischen Vorgänge der komponierten Modulationen modellhaft nachbilden. Sie beschränken sich daher auf das Typische und vermeiden alles, was für den eigentlichen Modulationsverlauf überflüssig erscheint. Die Reduzierung ganzer Formabschnitte auf die etwa vier bis sechs Akkorde der Ausgangs- bzw. Zielkadenz ist dabei in Kauf zu nehmen, auch wenn sie – insbesondere bei der Verbindung weiter voneinander entfernter Tonarten – manchmal zu unerwarteten klanglichen Wirkungen führt. Wenigstens ansatzweise soll deshalb gezeigt werden, wie die Modelle durch Rhythmisierung und sonstige improvisatorische Mittel musikalisch sinnvoller gestaltet werden können.

Was aber ist für den Modulationsverlauf wirklich nötig? Versuchen wir, mit den beiden Toniken und dem Umdeutungsakkord auszukommen, z. B. bei der Modulation von C-dur nach e-moll: Umdeutungskkord sei a-moll, so lautet die Modulation **C a e**. Da diese Akkorde jedoch alle in C-dur leitereigen sind, hat sich e-moll nicht als neue Tonart etablieren können. Fügen wir also noch eine Bestätigung der Zieltonart hinzu, so dass sich als Ganzes ergibt: **C a e a H e**. Das Ergebnis klingt jetzt zwar eindeutig nach e-moll, aber überhaupt nicht nach C-dur! Das Ganze ist eine Kadenz in e-moll, die auf der VI. Stufe beginnt, aber keine Modulation von C-dur nach e-moll.
Es sind eben zwei komplette *Tonarten*, die berücksichtigt werden wollen und sich auch im Ohr des Hörers etablieren müssen. Nun wird Riemanns Forderung nach „eindeutiger Darstellung der Ausgangstonart durch ihre wesentlichsten Akkorde" verständlich: Bevor die Tonart verlassen werden kann, muss sie überhaupt erst einmal im Bewusstsein des Hörers existieren. Es gilt daher, dem Hörer ein eindeutiges Klangbild zu präsentieren, welches ihm das Gefühl gibt, sich in der Tonart auszukennen. Nur dann ist der Tonartbegriff überhaupt gerechtfertigt, und nur dann kann im eigentlichen Sinne von Modulation gesprochen werden.
Für die Erarbeitung einer überzeugend klingenden Modulation bedeutet dies, dass ein wesentlicher Teil der Arbeit auf die Ausgestaltung der Ausgangs- und Zielkadenz entfällt. Das klingende Resultat dieser Bemühungen, die Modulation, besteht im Wesentlichen aus diesen beiden miteinander verknüpften Kadenzen.

Anmerkung zur Schreibweise: Die großen Tonbuchstaben stehen für Dur-, die kleinen für Mollakkorde.

Begriffsbestimmung

Modulation: Tonartwechsel mit Beibehaltung der neuen Tonart für eine gewisse Zeit

Ausweichung: Kurzes Verlassen der Tonart mit sofortiger Rückkehr

Rückung: Plötzlicher Tonartwechsel ohne funktionale Verbindung
Vgl. Schubert, Impromptu f-moll (D 935,4), T. 163–165. Dort wird unvermittelt von as-moll nach A-dur gerückt. Ähnlich im Impromptu Es-dur (D 899,2), T. 158–159, wo auf h-moll unvermittelt es-moll folgt.

Umdeutung: Wechsel der Funktion, d. h. der Rolle im harmonischen Zusammenhang.
Nur bei der diatonischen und der enharmonischen Modulation wird umgedeutet, bei der chromatischen nicht. Auch die Modulation durch Sequenz ist keine Umdeutungsmodulation, denn sie beruht primär auf melodischen Vorgängen.

Die häufigsten Modulationsarten
– Bei der *diatonischen Modulation* wird ein Akkord als Ganzes umgedeutet und wandelt die Funktion, die er in der Ausgangstonart hatte, in eine Funktion der Zieltonart.
– Bei der *enharmonischen Modulation* werden einzelne Akkord*töne* enharmonisch umgedeutet; dabei ändern sich die Intervallstruktur, der Grundton und die Auflösungsrichtung des Akkordes.
– Bei der *chromatischen Modulation* führen linear-klangliche Vorgänge zum Verlassen der Tonart.
– Bei der *Modulation durch Sequenz* wird der Tonraum mit Hilfe einer diatonischen oder chromatischen Sequenz durchquert.

Seltenere Modulationsarten
– Bei der *einstimmigen Modulation* werden innerhalb einer melodischen Linie nach und nach die leitereigenen Töne der Zieltonart eingeführt, vgl. Mozart, Sinfonie Nr. 41, 1. Satz, T. 121-123; Beethoven, Sonate op. 79, 1. Satz, T. 48–52. In allen modulierenden Fugenthemen Bachs wird zu Beginn einstimmig in die Dominanttonart moduliert, wie z. B. in der Fuge e-moll aus dem Wohltemperierten Klavier, Band I.
– Bei der *tonzentralen* Modulation bleibt von einem Akkord ein einzelner Ton übrig und wird nach einer Weile mit einem neuen Akkord unterlegt, in welchem er dann eine andere Funktion bekommt, vgl. Beethoven, 2. Sinfonie, 1. Satz, T. 212–215; Schubert, Impromptu Es-dur (D 899,2), T. 82. Auch die tonzentrale Modulation ist eine Umdeutungsmodulation.

Der Tonraum
Mit allen Aktionen in unserem Tonsystem ist gewöhnlich die Vorstellung eines Raums verbunden, in dem sich der Hörer hinauf- oder hinunterbewegt. Dieser Tonraum lässt sich am anschaulichsten als Quintenleiter darstellen, auf der sich **Fis** und **Ges** als Gegenpole gegenüberstehen:

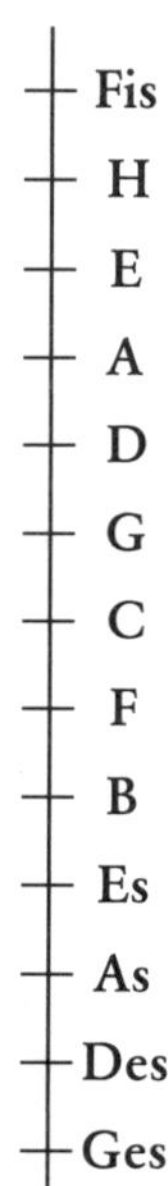

Gewöhnlich wird der Tonraum als Quintenzirkel dargestellt, wobei **Fis** und **Ges** (ebenso alle anderen enharmonisch verwechselbaren Töne) enharmonisch gleichgesetzt werden. Für die enharmonische Modulation ist dies die angemessene Betrachtungsweise. Wer allerdings diatonisch denkt, muss sich, um von **Ges** nach **Fis** zu gelangen, in diatonischen Schritten die Quintenleiter hinaufarbeiten, wobei deutlich wird, dass **Fis** und **Ges** die größten Gegensätze sind. Für die Darstellung des diatonischen Tonraums ist ein Zirkel daher ungeeignet.

Die Modulationsrichtung

Durchschreitet man den Tonraum in Quintschritten abwärts, so entsteht der Eindruck des Fallens, bei Quintschritten aufwärts der des Steigens. (Für Quartschritte gilt das Gleiche anders herum. Der Grund dafür ist in der Lage des Intervallgrundtons zu finden: Der Grundton der Quinte liegt unten, der der Quarte oben, so dass beides, Quintfall und Quartanstieg, Hinbewegung zum Grund(-ton) bedeutet. Auch beim Quartanstieg wird daher die psychologische Wirkung des Fallens hervorgerufen, sogar entgegen der melodischen Bewegungsrichtung.) Geht man also z. B. von **Es** nach **H**, so schreitet man aufwärts, denn **H** steht weiter oben auf der Leiter als **Es**.

Die Modulationsentfernung

Die Entfernung zwischen zwei Tonarten wird in Quintschritten berechnet und kann an der Quintenleiter abgezählt werden. Eine schnellere Methode ist die Addition bzw. Subtraktion der Vorzeichen: Von Kreuz- nach ♭-Tonart und umgekehrt wird addiert, von Kreuz- nach Kreuztonart bzw. von ♭- nach ♭-Tonart wird subtrahiert.

Die Begriffe Richtung und Entfernung sind nur im Zusammenhang mit den diatonischen Modulationsverfahren sinnvoll, denn nur dort wird der Tonartabstand als räumliche Distanz in der Quintenleiter erlebt.

1. Diatonische Modulation

Bei der diatonischen Modulation wird eine Funktion der Ausgangstonart in eine Funktion der Zieltonart umgedeutet, die beiden Tonarten müssen also einen Akkord gemeinsam haben. Dies trifft bis zu einem Tonartabstand von maximal sechs Quinten (Tritonusabstand der Grundtöne) zu. Größere Abstände eignen sich nicht für die direkte diatonische Modulation.

Wer zu weiter entfernten Tonarten diatonisch modulieren möchte, muss dies auf indirektem Wege tun, indem er Zwischentonarten einschaltet (siehe dazu auch Krämer, *Lehrbuch der harmonischen Analyse*, S. 73: „Indirekt-diatonische Modulationen"). Ein schönes Beispiel für eine direkte diatonische Umdeutungsmodulation von cis-moll nach E-dur findet sich im 1. Satz von Beethovens Sonate op. 27 Nr. 2, T. 5–9:

Beispiel 1

Der Modulationsablauf: Die Ausgangstonart wird durch eine Kadenz dargestellt (bei Beethoven die Takte 5–7), welche mit dem Umdeutungsakkord fis-moll endet. Nach der Funktionsumdeutung (***s = Sp***) wird auch die Zieltonart durch eine Kadenz dargestellt und bestätigt (T. 7–9).

Modulationsschema

Tonika 1	——————>	Umdeutungs- akkord	——————>	Tonika 2
	Ausgangskadenz		Zielkadenz	

Die Aufgabe der Ausgangs- und der Zielkadenz ist die eindeutige Darstellung der beiden zu verbindenden Tonarten. Dazu sollen möglichst alle Tonleitertöne jeder Tonart erklingen, was durch das Erscheinen der drei Hauptfunktionen Tonika, Dominante und Subdominante, evtl. auch ihrer terzverwandten Vertreterfunktionen (***Tp/ tG, Dp*** und ***Sp***), gewährleistet ist.

Ausgangs- und Zielkadenz sollten aus Gründen der Ausgewogenheit etwa gleich lang sein. Wenn mit einem Taktschema gearbeitet wird, sollte die Zieltonika auf schwerer Taktzeit stehen, um eine überzeugende Schlusswirkung zu vermitteln. Die Ausgangstonika dagegen steht besser auf leichter Zeit, damit das musikalische Geschehen leichter in Gang kommt. Der Umdeutungsakkord erscheint am besten auf einer schweren Zählzeit.

1.1 Die Ausgangskadenz

Die Ausgangskadenz beginnt mit der Ausgangstonika und hat als Ziel den Umdeutungsakkord. Sie bringt die drei Hauptfunktionen oder auch deren Vertreter und stellt damit die Ausgangstonart mit sämtlichen leitereigenen Tönen vor.
Die Ausgangstonika sollte in Grundstellung möglichst nur einmal zu Beginn auftreten, denn jedes nochmalige Erscheinen würde eine in diesem Zusammenhang unerwünschte Schlusswirkung ergeben.

1.1.1 Ausgangskadenzen zu sämtlichen Stufen in C-dur und c-moll

Die nachfolgend vorgeschlagenen Ausgangskadenzen sind so angelegt, dass sie den Umdeutungsakkord auf kürzestem Wege ansteuern und dennoch alles Wesentliche enthalten. Sie bilden die Grundlage für sämtliche Modulationen dieses Buches. Es lohnt sich daher, sich eingehend mit ihnen zu beschäftigen. Um die Kadenzen wirklich gründlich erarbeiten zu können, sind sie in allen drei Lagen (Oktav-, Terz- und Quintlage) notiert.
Kadenzen, die sich auf das leitereigene Akkordmaterial beschränken, sind mit A gekennzeichnet, Kadenzen, welche Zwischendominanten verwenden, mit B, und Kadenzen, welche auf einem Sextakkord enden, mit C. Diese Einteilung geht von methodisch-praktischen Erwägungen aus: Wer gerade erst angefangen hat, sich mit Kadenzspiel zu beschäftigen, wird sich zunächst auf die A-Kadenzen beschränken, obwohl diese nicht unbedingt gängiger sind als eine entsprechende B-Kadenz, wie z. B. der Halbschluss zeigt (vgl. Beispiel 7): Die B-Kadenz mit der Doppeldominante ist in der klassisch-romantischen Literatur weitaus häufiger anzutreffen als die A-Formen mit den reinen Dreiklängen. Da die A-Kadenzen aber für Anfänger leichter zu bewältigen sind, stehen sie hier an erster Stelle.
Die C-Kadenzen schließlich kommen nur in den Fällen zur Anwendung, in denen der Umdeutungsakkord in Grundstellung nicht möglich oder nicht erwünscht ist (vgl. Beispiele 9 und 10).

Beispiel 2: Kadenz zur I. Stufe in Dur und Moll (*T*/*t* = Tonika)

Die Kadenz zur I. Stufe endet auf dem Sextakkord der Tonika, weil die Grundstellung einen Schlusseffekt hervorrufen würde, der bei einer Ausgangskadenz nicht erwünscht ist (vgl. auch Beispiel 9a).

Beispiel 3: Kadenz zur II. Stufe in Dur (*Sp* = Subdominantparallele)

A

8 3 5

T D T (3) *Sp*

B

8 3 5

T D (3) *(D^v)* (3) *Sp*

B+C

8 3 5

T D (D) (7) *Sp* (3)

Anmerkung: Die Einklammerung zeigt eine Zwischendominante an, die sich auf die nachfolgende Funktion bezieht.

Beispiel 4: Kadenz zur II. Stufe in Moll und Molldur (*sG* = Subdominantgegenklang bzw. *sN* = Neapolitaner)

Moll: *t D t* (3) *s^n sN*

Molldur: *T D T* (3) *s^n sN*

Anmerkungen: Unter „Molldur“ ist die seit dem 19. Jahrhundert gebräuchliche erweiterte Tonalität zu verstehen, bei der sich eine Durtonika mit den Akkorden der Moll-Varianttonart umgibt. Die häufigsten Molldur-Akkorde sind die Mollsubdominante und ihre Terzverwandten (s. S. 28).
Man unterscheidet zwischen dem neapolitanischen Sextakkord (*s^n*) und dem „verselbständigten Neapolitaner“ (*sN*). Ersterer ist die Mollsubdominante mit kleiner Sexte statt Quinte, Grundton ist die IV. Tonleiterstufe. Letzterer ist der Durdreiklang auf der kleinen (phrygischen) Sekunde der Tonart und gleichzeitig der Gegenklang der Mollsubdominante. Beide folgen in Beispiel 4 direkt aufeinander.

Beispiel 5: Kadenz zur III. Stufe in Dur (*Dp* = Dominantparallele, auch *Tg* = Tonikagegenklang) und in Moll (*tP* = Tonikaparallele, auch *dG* = Molldominant-Gegenklang)

Anmerkungen: Die Bezeichnungsfolge ***tG–tP*** gibt nicht genau wieder, was sich abspielt: Der Quintschritt von ***tG*** nach ***tP*** ist ein fundamentaler Harmonieschritt, welcher zwangsläufig mit einem Funktionswechsel verbunden ist. Diesem würde die Bezeichnung ***tG–dG*** oder ***sP–tP*** eher gerecht, weil sie den Funktionswechsel ***t–d*** bzw. ***s–t*** beinhaltet. Die Folge ***tG–dG*** hat aber den Nachteil, dass die III. Stufe, welche in Moll gewöhnlich als Tonikaparallele fungiert („Paralleltonart"), hier als Molldominant-Gegenklang bezeichnet wird. Und die Folge ***sP–tP*** berücksichtigt nicht den vorausgegangenen Trugschluss ***D–tG***, bei dem die VI. Stufe als Vertreterklang der Tonika (***tG***) bezeichnet wird.

Man wird feststellen, dass die Kadenzen zur III. Stufe etwas unbefriedigend klingen. Der Vollständigkeit halber sind sie hier dennoch aufgeführt, denn es ist grundsätzlich möglich, auch über die III. Stufe zu modulieren. (Es gibt allerdings keine Modulation, bei der die III. Stufe die einzige Umdeutungsmöglichkeit darstellt.) Der Grund für die klanglichen Mängel liegt in der Entwertung (in Moll sogar der Zerstörung) des Tonartleittons: In Dur ist der 7. Tonleiterton die Quinte der Dominantparallele, also ein stabiler Ton, der aufgrund seiner Tonfunktion (reine Quinte) keinerlei Leittonbestrebungen hat. Das Ohr jedoch ist es gewohnt, diese Tonleiterstufe als Leitton zu hören, und gibt sich mit der spannungslosen Quintfunktion nicht zufrieden. Dies ist auch der Grund für das seltene Erscheinen des Molldreiklangs auf der III. Stufe in der klassisch-romantischen Literatur.

In Moll tritt das Problem noch offener zutage: Die kleine Septime der Tonart als Quinte der Tonikaparallele (hier der Ton *b*) schließt den Leitton (hier *h*) aus. Zudem ist der Akkord der III. Stufe ein Durdreiklang, dem es leicht gelingt, sich als neue Tonika zu etablieren, so dass die Ausgangskadenz dann nicht mehr eindeutig die Molltonart repräsentiert. Die Ausgangskadenzen zur III. Stufe in Moll sind also bereits eigenständige Ausweichungen und gehen damit über ihre eigentliche Aufgabe, die Tonart darzustellen, hinaus.

Beispiel 6: Kadenz zur IV. Stufe in Dur (*S* = Dursubdominante)
und in Moll und Molldur (*s* = Mollsubdominante)

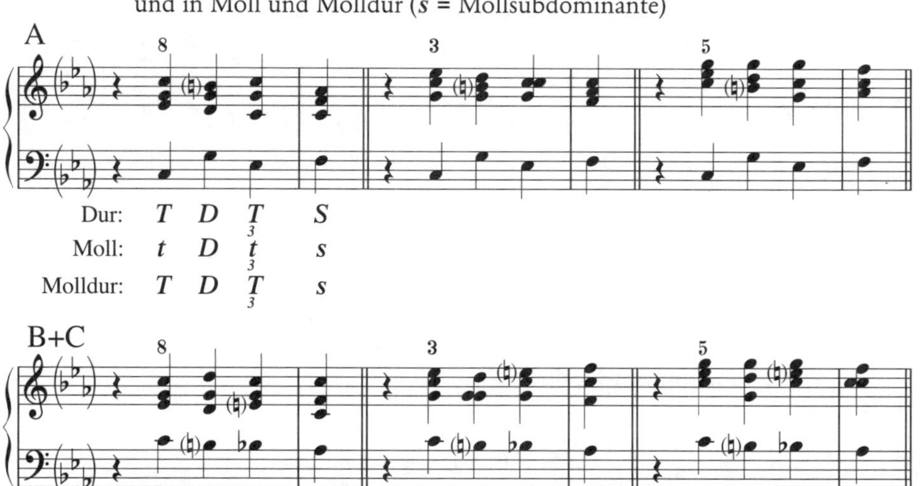

Dur: *T* D_3 $(D)_7$ S_3

Moll: *t* D_3 $(D)_7$ s_3

Molldur: *T* D_3 $(D)_7$ s_3

Beispiel 7: Kadenz zur V. Stufe in Dur und Moll (*D* = Dominante)

Anmerkung: In Dur ist an Stelle von T_3 auch die ***Sp*** möglich.

Beispiel 8: Kadenz zur VI. Stufe in Dur (***Tp*** = Tonikaparallele, auch ***Sg*** = Subdominantgegenklang) und in Moll und Molldur (***tG*** = Tonikagegenklang, auch ***sP*** = Mollsubdominant-Parallele)

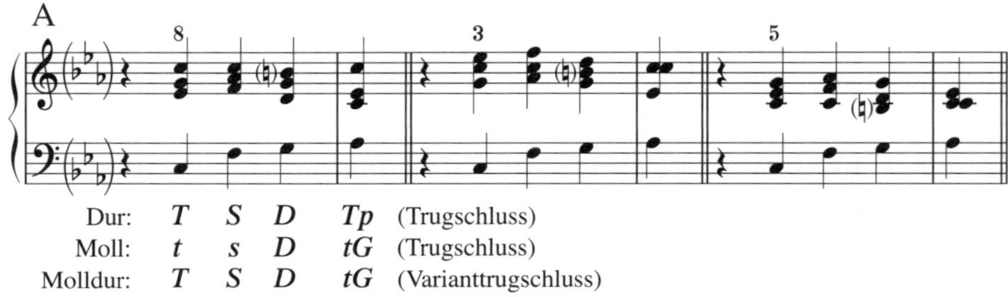

Anmerkung: Beim „Varianttrugschluss" wird innerhalb der Durtonart die VI. Stufe der Moll-Varianttonart als Trugschlussakkord benutzt. Auch dies ist ein Beispiel für die Übernahme von ursprünglich in Moll leitereigenen Akkorden in die Durtonart.

Über die bloße Möglichkeit des Modulierens hinaus bieten diese Kadenzen einen reichhaltigen Fundus, um alle möglichen Phänomene der Harmonielehre darzustellen: Halbschluss (V. Stufe), Trugschluss (VI. Stufe), Zwischendominanten, Molldur, Neapolitaner, charakteristische Dissonanzen der Dominante und Subdominante, Dominantvorhalte etc. Wer sich lediglich im Kadenzspiel üben möchte, hat hiermit ein umfangreiches Material zur Verfügung.

Aufgaben:
Schriftlich: Schreiben Sie sich die Funktionsbezeichnungen der Kadenzen heraus und setzen Sie sie in verschiedenen Tonarten und Lagen vierstimmig aus. Vergleichen Sie das Ergebnis mit der Vorlage. Falls Sie Abweichungen feststellen, prüfen Sie, ob Sie wirklich Fehler gemacht haben oder ob es sich nicht vielleicht um eine andere, ebenfalls korrekte Möglichkeit handelt.

Praktisch: Spielen Sie die Kadenzen anhand der Noten am Klavier, zunächst nur die Durmodelle, dafür aber in allen drei Lagen.

1. Vergleichen Sie: Welche Lage klingt am besten? Auf diese sollten Sie sich beim Üben zunächst beschränken.
2. Falls für eine Stufe mehrere Kadenzen vorhanden sind, suchen Sie sich eine aus, die Ihnen gefällt oder die Sie gut spielen können, und verwenden Sie zum Modulieren zunächst einmal keine andere.
3. Üben Sie nun die ausgesuchten Kadenzen in der jeweiligen besten Lage in allen Durtonarten.
4. Verfahren Sie genauso mit den Mollkadenzen.

„Spielen am Klavier“ bedeutet beim Kadenzspiel nicht das Abspielen des Notentextes, sondern das Spiel ohne Noten, entweder nach den Funktionsbezeichnungen oder, noch sinnvoller, nur nach der Kadenzlogik, also ohne jegliche Vorlage. Die Ausnotierung hat hier nur den Sinn, dass Sie kontrollieren können, ob Ihnen Stimmführungsfehler unterlaufen sind.

Gehen Sie in folgender Reihenfolge vor:

1. Spielen Sie die Kadenzen nach den Noten.
2. Schreiben Sie sich die Funktionsbezeichnungen auf ein Blatt Papier und versuchen Sie, die Akkorde nur danach zu spielen. Wenn Ihnen dies nicht sogleich gelingt, üben Sie die Bassstimme allein, bevor Sie die rechte Hand dazunehmen. Beschränken Sie sich bei dieser Art des Übens zunächst auf eine der drei Lagen.
3. Der letzte Schritt ist das Spiel einer freien Kadenz nach einem Motto, welches z. B. „Halbschluss mit Doppeldominante“ oder „Kadenz zur VI. Stufe“ heißen kann. Dass dabei eine der vorgeschlagenen Kadenzen entsteht, ist nicht zwingend.
4. Eine andere Möglichkeit, sich ein wenig von den vorgegebenen Modellen zu lösen: Erweitern Sie die Kadenzen durch Umkehrungen, Nebendreiklänge, Zwischendominanten usw.

Hier noch einmal alle Ausgangskadenzen im Überblick:

Stufe	Dur	Moll	Molldur
I.	$T\ S\ D_7\ T_3$	$t\ s\ D_7\ t_3$	
II.	$T\ D\ T_3\ Sp$ $T\ D_3\ (D^v_3)\ Sp$ $T\ D\ (D_7)\ Sp_3$	$t\ D\ t_3\ s^n\ sN$	$T\ D\ T_3\ s^n\ sN$
III.	$T\ D^{87}\ Tp\ Dp$ $T\ S\ (D^v_3)\ Dp$ $T\ S_3\ (D_7)\ Dp_3$	$t\ D^{87}\ tG\ tP$	
IV.	$T\ D\ T_3\ S$ $T\ D_3\ (D_7)\ S_3$	$t\ D\ t_3\ s$ $t\ D_3\ (D_7)\ s_3$	$T\ D\ T_3\ s$ $T\ D_3\ (D_7)\ s_3$

V.	*T S T_3 D* *T S Sp D* *T S* $\mathbf{D}\!\!\!D^7_3$ *D* *T S T_3 D_3*	*t s t_3 D* *t s* $\mathbf{D}\!\!\!D^7_3$ *D* *t s t_3 D_3*	
VI.	*T S D Tp* *T S_3 $D_{8\ 7}$ T_3 (D^7) Tp_3*	*t s D tG* *t s_3 $D_{8\ 7}$ t_3 (D^7) tG_3*	*T S D tG*

1.2 Der Umdeutungsakkord

Grundsätzlich kann jeder tonarteigene Dur- oder Molldreiklang Umdeutungsakkord werden. Wie gut sich ein Dreiklang für eine bestimmte Modulation eignet, hängt hauptsächlich von der Qualität der Ausgangskadenz ab, was im Zusammenhang mit dem Dreiklang der III. Stufe bereits erörtert wurde.

In der klassisch-romantischen Literatur tritt bei Dur-Stücken die Modulation zu der um eine Quinte höher liegenden Durtonart (Dominanttonart) am häufigsten auf. Sie hat z. B. im Sonatensatz die Aufgabe, vom ersten zum zweiten Thema überzuleiten. Meist wird sie mit der Umdeutung ***Tp = Sp*** ausgeführt, z. B. von C-dur nach G-dur über a-moll. Wer sich also am historischen Vorbild orientieren möchte, sollte für diese Modulation die Tonikaparallele der Ausgangstonart als Umdeutungsakkord bevorzugen.

In Moll wird dagegen am ehesten zur Dur-Paralleltonart moduliert, wobei die Umdeutung ***s = Sp*** bevorzugt auftritt, wie auch Beispiel 1 zeigt.

Die *Tonika* ist nur mit Einschränkung als Umdeutungsakkord nutzbar: Bringt man am Ende der Ausgangskadenz die *Tonika der Ausgangstonart* in Grundstellung, so hat man gleich zu Anfang eine Schlusswirkung (Beispiel 9a). Da sich die Ausgangskadenz jedoch öffnen soll, verwendet man die Tonika besser mit Terz im Bass (Beispiel 9b). Unter den Ausgangskadenzen fehlt deshalb bei der I. Stufe die mit der Grundstellung schließende Kadenz.

Beispiel 9: Modulation **c – g** über **c**

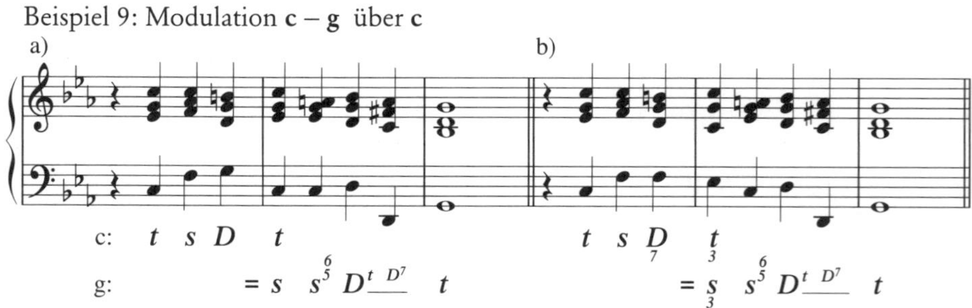

Auch die *Tonika der Zieltonart* kann als Umdeutungsakkord ungünstig wirken: Erscheint sie vor dem Ende der Modulation in Grundstellung, so entsteht eine verfrühte Schlusswirkung, und die nachfolgende Zielkadenz wirkt wie ein überflüssiges Anhängsel (Beispiel 10a, hier durch die Oktavlage verstärkt). Will man die Zieltonika als Umdeutungsakkord benutzen, bringt man sie deshalb besser mit Terz im Bass (Beispiel 10b).

Da prinzipiell jede Funktion der Ausgangstonart für die Umdeutung in die Zieltonika in Frage kommt, findet sich unter den Ausgangskadenzen immer eine Version, die mit dem Sextakkord der betreffenden Stufe endet.

Beispiel 10: Modulation **g** – **c** über **c**

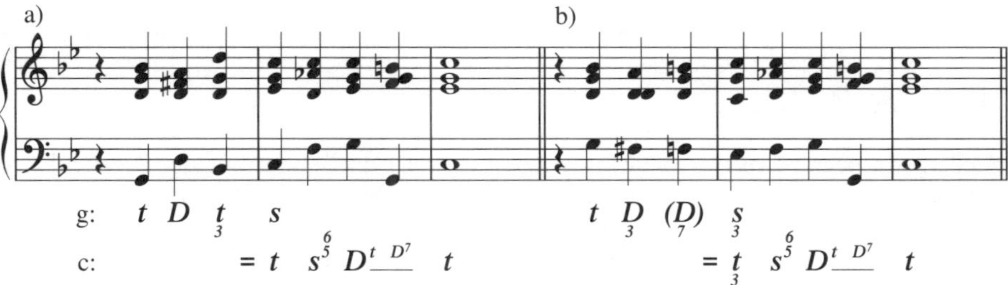

Aufgabe: Vergleichen Sie die klangliche Wirkung der Beispiele 9a und 9b sowie die der Beispiele 10a und 10b. Die unerwünschte Schlusswirkung in Beispiel 9a wird noch dadurch verstärkt, dass die Tonika in Oktavlage auftritt („vollkommener Ganzschluss").

In der Literatur sind Modulationen über die Ausgangs- oder Zieltonika in Grundstellung zwar häufiger zu finden, doch treten dort die hier beschriebenen klanglichen Schwächen nicht auf, weil sich die modulatorischen Abläufe über längere Zeiträume erstrecken. In der hier vorliegenden dicht zusammengedrängten Form mit nur einigen wenigen Akkorden jedoch ergeben sich ungünstige Wirkungen, die sich durch das Aussparen der beiden Toniken in Grundstellung vermeiden lassen.

*Dursubdominante (S) und Molldominante (***d***) der Moll-Ausgangstonart* sind als Umdeutungsakkorde wenig geeignet, weil sie diese nicht befriedigend darstellen: Die Dursubdominante nimmt der Tonart den Mollcharakter, und die Molldominante schließt den für die Darstellung der Tonart so wichtigen Leitton aus.
In der *Moll-Zieltonart* dagegen geben ***S*** und ***d*** gute Umdeutungskkorde ab. Voraussetzung dafür ist allerdings, dass die Dursubdominante unmittelbar anschließend vermollt und die Molldominante verdurt wird. Dies geschieht am besten, indem gleichzeitig mit dem Geschlechtswechsel die charakteristische Dissonanz (sixte ajoutée der Subdominante und Septime der Dominante) hinzugefügt wird, vorzugsweise im Bass:

Beispiel 11a: Modulation **d** – **e** über **A** Beispiel 11b: Modulation **e** – **d** über **a**

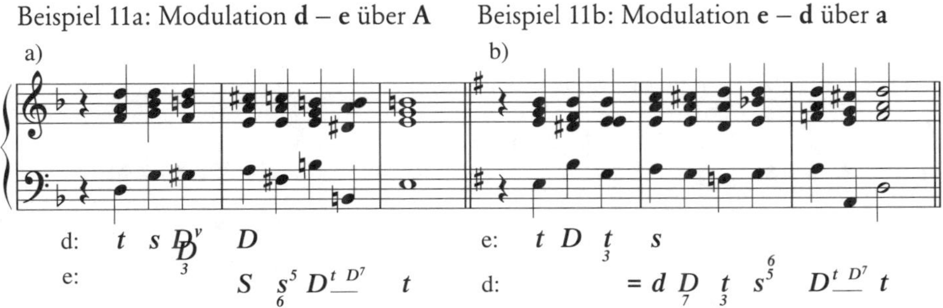

Die Zielkadenz bekommt durch die Vermollung bzw. Verdurung einen chromatischen Schritt, der zusammen mit dem durch die hinzugefügte Dissonanz hervorgerufenen Spannungszuwachs reizvoll klingt. Viele Komponisten haben sich dieser Technik bedient: Die

Vermollung der Subdominante ist häufig bei Brahms zu finden, und die Verdurung eines Molldreiklangs, der dadurch Dominantfunktion bekommt, findet sich in vielen barocken Rezitativen.

> Verdurung ist nur bei der Ziel-Dominante, Vermollung nur bei der Ziel-Subdominante möglich, beides unter Hinzufügung der charakteristischen Dissonanz.

1.3 Die Zielkadenz

Die Zielkadenz beginnt mit dem umgedeuteten Akkord und endet auf der Zieltonika in Grundstellung. Ihre Aufgabe ist es, die Zieltonart zu verdeutlichen und zu bestätigen. Am besten gelingt dies mit Subdominante und Dominante in Grundstellung und mit hinzugefügten charakteristischen Dissonanzen: der sixte ajoutée der Subdominante und der Septime der Dominante. Da S^{6}_{5} nur auf der IV. und D^7 nur auf der V. Stufe einer Tonart auftreten, wird durch das Erklingen dieser Akkorde die neue Tonart eindeutig fixiert. Dies gilt auch für den Quartsextvorhalt der Dominante, welcher eindeutig kadenzierend wirkt. (Er wird hier in seiner Eigenschaft als Akkordvorhalt mit D^T bzw. D^t bezeichnet anstatt mit D^{6}_{4}.)

1.3.1 Zielkadenzen von sämtlichen Stufen aus

Die Funktionsbezeichnungen beziehen sich auf die Zieltonart, d. h. der erste Akkord ist bereits umgedeutet worden. Da sowohl der Umdeutungsakkord als auch die Zieltonika auf schwerer Taktzeit stehen sollten, ist manchmal die Verlängerung eines Notenwertes notwendig, vgl. Beispiele 14 und 16.

Beispiel 12: Kadenz von der I. Stufe in Dur (T_3) und in Moll (t_3)

Beispiel 13: Kadenz von der II. Stufe in Dur (*Sp*)

Beispiel 14: Kadenz von der II. Stufe in Moll und Molldur (*sG* bzw. *sN*)

Anmerkung: In Moll kann der $\not{D}^v_3$ entfallen. In Molldur dient er dazu, den Übergang in die Durtonart zu glätten (s. S. 29).

Beispiel 15: Kadenz von der III. Stufe in Dur (*Dp*) und in Moll (*tP*)

Anmerkung: Anstatt T_3 kann in Dur auch *Tp* und in Moll *sP* erscheinen.

Beispiel 16: Kadenz von der IV. Stufe in Dur (*S*), Moll und Molldur (*s*)

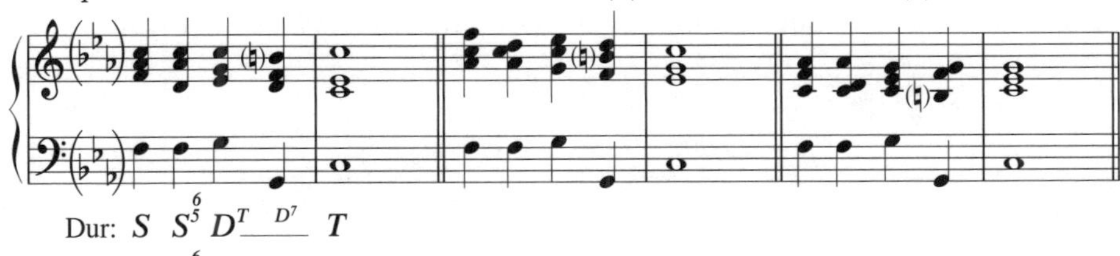

Anmerkung: Wer die Subdominante nicht zweimal mit demselben Basston bringen möchte, kann anstatt S^{6}_{5} auch S^5_6 oder $\not{D}^7_3$ verwenden.

Die Zielkadenz von der Dursubdominante in Moll ist aus Beispiel 11a zu ersehen.

Beispiel 17: Kadenz von der V. Stufe in Dur und Moll (*D*)

Wenn die Dominante der Zieltonart Umdeutungsakkord ist, kann die Zielkadenz nicht mit der Subdominante beginnen, denn die Folge ***D–S*** ist nicht möglich. Hier muss die Dominante zunächst einmal aufgelöst werden, wodurch die Zielkadenz etwas länger wird. Am besten eignet sich für diese vorübergehende Auflösung der Sextakkord der Tonika oder der Trugschlussakkord (VI. Stufe).
Die Zielkadenz von der Molldominante in Moll ist aus Beispiel 11b zu ersehen.

Beispiel 18: Kadenz von der VI. Stufe in Dur (***Tp***, auch ***Sg***) und in Moll (***tG***, auch ***sP***)

Anmerkung: Die VI. Stufe wird hier als Verwandte der Subdominante bezeichnet, weil diese unmittelbar folgt.

Die Molldur-Kadenz von der VI. Stufe entspricht der Molldur-Kadenz von der IV. Stufe (vgl. Beispiel 16). Der einzige Unterschied ist der erste Akkord: ***sP*** statt ***s***.

Gewöhnlich führt der S^{6}_{5} sofort in die Schlusskadenz. Da seine Quinte, in der Art eines Vorhaltes, vorbereitet sein sollte, achte man darauf, dass ihm ein Akkord vorangeht, der die Quinte enthält (sie ist identisch mit dem Tonartgrundton). Sofern also der Umdeutungsakkord den Tonartgrundton nicht enthält, muss zwischen ihm und dem S^{6}_{5} ein entsprechender Akkord eingeschoben werden, wie z. B. der Tonika-Sextakkord oder die VI. Stufe. In den Zielkadenzen von der III. und V. Stufe (Beispiele 15 und 17) wird dies so gehandhabt.

Zwischen S^{6}_{5} und D^{7} lässt sich jederzeit $\not{D}^{v}$ oder $\not{D}^{7}$ mit Terz im Bass einschieben, wie es z. B. in den Kadenzen von der II. Stufe als *sN* zu sehen ist (Beispiel 14). Solche Einschübe sind manchmal erforderlich, um zu verhindern, dass die Schlusstonika auf die leichte Zählzeit gerät. $\not{D}^{v}_{3}$ und $\not{D}^{7}_{3}$ können bei Bedarf auch S^{6}_{5} ersetzen.

Der D^{T}-Vorhalt wird nur auf schwerer Taktzeit verwendet. Er dient hier dazu, die Zielkadenz zu verlängern, damit die Schlusstonika auf schwerer Taktzeit steht.

Praktischer Hinweis: Wer noch nicht so weit ist, in jeder Lage die sixte ajoutée sofort zu finden, spielt die Subdominante zunächst als Dreiklang und lässt dann die Sexte nachschlagen.

Aufgaben:

Schriftlich: Schreiben Sie sich die Funktionsbezeichnungen der Kadenzen heraus und setzen Sie sie in verschiedenen Tonarten und Lagen vierstimmig aus.

Praktisch:

1. Spielen Sie die Kadenzen am Klavier in allen Tonarten, in Dur und in Moll, in allen drei Lagen. Gehen Sie dabei wieder in der auf S. 17 beschriebenen Reihenfolge vor.
2. Kombinieren Sie in einer gleich bleibenden Tonart jede Ausgangskadenz mit der betreffenden Zielkadenz. Wiederholen Sie dies in anderen Tonarten.
3. Gestalten Sie Aufgabe 2 als Achttakter im 2/4- oder 3/4-Takt mit ein bis zwei Akkorden pro Takt. Die Ausgangskadenz bildet den Vordersatz und die Zielkadenz den Nachsatz. Im folgenden Beispiel sind Ausgangs- und Zielkadenz der V. Stufe miteinander kombiniert. Gestaltungsmittel sind hier:
   - Tonrepetition (TR)
   - Akkordrepetition (AR)
   - Lagenwechsel (LW)
   - Stellungswechsel (SW)
   - Oktavsprünge (OS) im Bass
   - Wechselnoten (WN) in der Oberstimme
   - Durchgangsnoten (DN) in Ober- und Unterstimme

   Üben Sie sämtliche Elemente zunächst separat, indem Sie z. B. zunächst nur Akkordrepetitionen spielen, dann nur Lagenwechel usw.

Beispiel 19

Hier noch einmal alle Zielkadenzen im Überblick:

Stufe	Dur	Moll	Molldur
I.	$T_{3}\ S^{\substack{6\\5}}\ \underline{D^{T\ D^{7}}}\ T$	$t_{3}\ s^{\substack{6\\5}}\ \underline{D^{t\ D^{7}}}\ t$	
II.	$Sp\ S^{6}\ \underline{D^{T\ D^{7}}}\ T$	$sN\ s^{n}\ \not{D}^{v}_{3}\ \underline{D^{t\ D^{7}}}\ t$	$sN\ s^{n}\ \not{D}^{v}_{3}\ \underline{D^{T\ D^{7}}}\ T$
III.	$Dp\ T_{3}\ S^{\substack{6\\5}}\ D^{7}\ T$ $Dp\ Tp\ S^{\substack{6\\5}}\ D^{7}\ T$	$tP\ t_{3}\ s^{\substack{6\\5}}\ D^{7}\ t$ $tP\ sP\ s^{\substack{6\\5}}\ D^{7}\ t$	
IV.	$S\ S^{\substack{6\\5}}\ \underline{D^{T\ D^{7}}}\ T$	$s\ s^{\substack{6\\5}}\ \underline{D^{t\ D^{7}}}\ t$ $S\ s^{5}_{6}\ \underline{D^{t\ D^{7}}}\ t$	$s\ s^{\substack{6\\5}}\ \not{D}^{v}_{3}\ \underline{D^{T\ D^{7}}}\ T$
V.	$D_{8\ 7}\ T_{3}\ S^{\substack{6\\5}}\ D^{7}\ T$ $D\ Tp\ S^{\substack{6\\5}}\ D^{7}\ T$	$D_{8\ 7}\ t_{3}\ s^{\substack{6\\5}}\ D^{7}\ t$ $D\ tG\ s^{\substack{6\\5}}\ D^{7}\ t$ $d\ D_{7}\ t_{3}\ s^{\substack{6\\5}}\ \underline{D^{t\ D^{7}}}\ t$	
VI.	$Sg\ S^{\substack{6\\5}}\ \underline{D^{T\ D^{7}}}\ T$	$sP\ s^{\substack{6\\5}}\ \underline{D^{t\ D^{7}}}\ t$	$sP\ s^{\substack{6\\5}}\ \not{D}^{v}_{3}\ \underline{D^{T\ D^{7}}}\ T$

1.4 Diatonische Modulation über Entfernungen bis zu zwei Quinten

Als erstes gilt es, einen Umdeutungsakkord zu finden. Dazu geht man folgendermaßen vor: Auf jeder Stufe der Ausgangstonart baut man den tonarteigenen Dreiklang auf und überlegt, ob er in der Zieltonart enthalten ist. Dabei nicht den (verselbständigten) Neapolitaner vergessen: Der Durdreiklang auf der phrygischen Sekunde gehört in Moll zum tonarteigenen Akkordmaterial!
Wenn man die gemeinsamen Dreiklänge gefunden hat, bestimmt man ihre Funktionen innerhalb der beiden Tonarten und notiert sich die Umdeutung in Tonbuchstaben.

Modulationsbeispiel: a – **F**, gemeinsame Dreiklänge sind **a**, **B**, **C**, **d** und **F**.

1. **a** ist in a-moll ***t* = *Dp*** in F-dur,
2. **B** ist in a-moll ***sN* = *S*** in F-dur,
3. **C** ist in a-moll ***tP* = *D*** in F-dur,
4. **d** ist in a-moll ***s* = *Tp*** in F-dur,
5. **F** ist in a-moll ***tG* = *T*** in F-dur.

Als nächster Schritt wird ein *Modulationsplan* angelegt, der aus den Funktionsbezeichnungen für Ausgangs- und Zielkadenz besteht:

1. Möglichkeit: Modulation **a** – **F** über **a**

a: $t\ s\ D_7\ t_3$

F: $= Dp_3\ T_3\ S^{\substack{6\\5}}\ D^7\ T$

Wer dazu in der Lage ist, sollte die Modulation nun nach den Funktionsbezeichnungen spielen.
Andernfalls werden die Grundtonbuchstaben als Spielhilfe dazu notiert:

a d $\mathbf{E_7\ a_3\ F_3\ B^{\substack{6\\5}}\ C^7\ F}$

Ist auch dies noch nicht möglich, so wird die Modulation vierstimmig ausgesetzt und zunächst einmal nach Noten gespielt:

Beispiel 20

Ebenso verfährt man mit den vier anderen Umdeutungsakkorden:

2. Möglichkeit: Modulation **a** – **F** über **B**

a: $t\quad D\quad t_3\quad s^n\quad sN$

F: $= S\quad S^{\substack{6\\5}}\quad DD^v_3\quad D^{\underline{T\ D^7}}\quad T$

3. Möglichkeit: Modulation **a** – **F** über **C**

a: $t\quad D^{87}\quad tG\quad tP$

F: $= D\quad D_7\quad T_3\quad S^{\substack{6\\5}}\quad D^{\underline{T\ D^7}}\quad T$

4. Möglichkeit: Modulation **a** – **F** über **d**

a: $t\quad D\quad t_3\quad s$

F: $= Tp\quad S^{\substack{6\\5}}\quad D^{\underline{T\ D^7}}\quad T$

5. Möglichkeit: Modulation **a** – **F** über **F**

a: $t\quad s\quad D_7\quad t_3\quad (D)_7\quad tG_3$

F: $= T_3\quad S^{\substack{6\\5}}\quad D^{\underline{T\ D^7}}\quad T$

Aufgabe: Spielen Sie die Modulationen und vergleichen Sie sie! Entscheiden Sie dann, ob Sie z. B. in Zukunft in Moll die III. Stufe als Umdeutungsakkord verwenden möchten, wie in der dritten Modulation.

Wie gefallen Ihnen der *sN* in der Ausgangskadenz (2. Möglichkeit) und die VI. Stufe der Ausgangstonart als Sextakkord (5. Möglichkeit)?
Vielleicht klingen dieselben Akkorde anders, wenn in der umgekehrten Richtung moduliert wird, also von F-dur nach a-moll:

1. Möglichkeit: Modulation **F** – **a** über **a**

F: $T \quad S_{3} \quad (D_{7}) \quad Dp_{3}$
a: $\qquad\qquad = t_{3} \quad s^{6}_{5} \quad \underline{D^{t}\; D^{7}} \quad t$

2. Möglichkeit: Modulation **F** – **a** über **B**

F: $T \quad D \quad T_{3} \quad S$
a: $\qquad\qquad = sN \quad s^{n} \quad \underline{D^{t}\; D^{7}} \quad t$ oder: $sN \quad s^{n} \quad DD^{v}_{3} \quad D^{7} \quad t$

3. Möglichkeit: Modulation **F** – **a** über **C**

F: $T \quad S \quad DD^{7}_{3} \quad D$
a: $\qquad\qquad = tP \quad t_{3} \quad s^{6}_{5} \quad D^{7} \quad t$

4. Möglichkeit: Modulation **F** – **a** über **d**

F: $T \quad S \quad D^{87} \quad Tp$
a: $\qquad\qquad = s \quad s^{6}_{5} \quad \underline{D^{t}\; D^{7}} \quad t$

5. Möglichkeit: Modulation **F** – **a** über **F**

F: $T \quad S \quad D_{7} \quad T_{3}$
a: $\qquad\qquad = tG_{3} \quad tG \quad s^{6}_{5} \quad D^{7} \quad t$

Anmerkung: Die Folge tG_{3}–tG in der 5. Modulation wird vom Ohr noch als T_{3}–T der Ausgangstonart wahrgenommen, weil die neue Tonart noch nicht deutlich geworden ist. Ein gutes Beispiel für die Problematik der Tonika als Umdeutungsakkord!

Wer die Zielkadenz mit noch weiteren Akkorden ausschmücken möchte, sollte damit warten, bis die Tonart eindeutig dargestellt ist, d. h. bis all ihre Töne erklungen sind, um nicht von der mit Mühe erreichten neuen Tonart sogleich wieder abzuschweifen. Innerhalb der Zielkadenz, besonders aber direkt nach der Umdeutung, sind alle Akkorde, welche leiterfremde Töne enthalten, gefährlich, weil sie die Tonart in Frage stellen könnten:
- s^{n} (enthält die kleine Sekunde der Tonart),
- *tP* (schaltet den Tonartleitton aus, vgl. Beispiel 21),
- Zwischendominanten (Terz, Sept und kleine None sind meist leiterfremd, vgl. Beispiel 21, T. 2). Eine Ausnahme bildet die Doppeldominante: Sie führt in der Form DD^{v}_{3} bzw. DD^{7}_{3} gerade besonders zwingend in die Kadenz (vgl. Beispiel 21, T. 3, und Beispiel 22, T. 6).

Beispiel 21: Modulation **F** – **e** über **C**

Aufgabe: Schreiben und spielen Sie folgende Modulationen:

B – F	**D – h**	**Es – d**	**e – g**	**F – Es**	**d – a**	**g – F**	**a – Es**	**e – a**
B – d	**fis – a**	**As – B**	**H – e**	**h – G**	**A – D**	**B – e**	**g – B**	**e – F**
D – e	**f – C**							

Gehen Sie dabei folgendermaßen vor:

1. Notieren der möglichen Umdeutungskkorde,
2. Erstellen eines Modulationsplans a) in Funktionsbezeichnungen oder b) in Tonbuchstaben,
3. Spielen am Klavier oder
4. vierstimmiges Aussetzen und Spielen am Klavier.
5. Spielen Sie Ihre Modulationen im geraden Takt, wie in unseren Beispielen. Beachten Sie dabei, dass die Ausgangstonika sowie alle Zwischendominanten auf leichter Taktzeit erscheinen. Die Zieltonika und der Umdeutungsakkord stehen dagegen auf schwerer Taktzeit.
6. Gestalten Sie die Modulationen als Achttakter, wie es auf S. 23 beschrieben wurde. Vergleichen Sie auch Beispiel 19.
7. Fügen Sie, sofern es das Taktschema zulässt, noch zusätzliche Funktionen ein, wie DD^{v}_{3}, D^{T}-Vorhalt, Nebendreiklänge etc.

Die Modulation von **a** nach **F** (Beispiel 20) könnte dann z. B. folgendermaßen klingen (die Abkürzungen beziehen sich auf die auf S. 23 aufgelisteten Gestaltungsmittel, ZF kennzeichnet eine Zusatzfunktion):

Beispiel 22

1.5 Diatonisch-variantische Modulation über drei bis sechs Quinten

Verwendet man zur Umdeutung ausschließlich Akkorde, die entweder in Dur oder in Moll leitereigen sind, so sind die Möglichkeiten, direkt zu modulieren, sehr begrenzt: Man erreicht nur Tonarten, die höchstens zwei Quinten entfernt sind. Erweitert man jedoch das in Dur leitereigene Material um die Töne der Moll-Varianttonart, wird die Anzahl der tonarteigenen Töne und damit auch die Anzahl der möglichen Umdeutungsakkorde größer. Modulationen im Abstand bis zu sechs Quinten sind dann möglich.
Man begibt sich mit dieser Tonalitätserweiterung in den Stilbereich der Romantik: Im 19. Jahrhundert war die Einbeziehung des Tonmaterials der Varianttonart eine Selbstverständlichkeit; die Beschränkung auf die diatonischen Leitertöne gehörte der barocken und frühklassischen Vergangenheit an, und die erweiterte Tonalität „Molldur" hatte sich zum Standard entwickelt.

Der Schlüsselton für die Einbeziehung des Mollelements in Dur ist die kleine Sexte der Tonart, z. B. in C-dur das *as*. Sie ist
- in der *Mollsubdominante als Terz,*
- in der *Mollsubdominant-Parallele* (***sP***, in C-dur **As**) *als Grundton,*
- im *Mollsubdominant-Gegenklang* (***sG***, in C-dur **Des**) *als Quinte* enthalten.

Mit Hilfe dieser drei Funktionen, ***s***, ***sP*** (auch ***tG***) und ***sG*** (auch ***sN***), lassen sich alle Modulationen bis zu einem Abstand von sechs Quinten durchführen.
Die kleine Sexte der Tonart ist außerdem im $\boldsymbol{D}^{v}$ enthalten (als kleine None, s. S. 31f.), so dass sich dieser in die diatonisch-variantischen Modulationen stilistisch sehr gut einfügt. (In der romantischen Musik ist die Mollterz der Tonika naturgemäß ebenfalls ein wichtiger Molldur-Schlüsselton. Die Funktionen, welche ihn enthalten, ***t*** und ***tP***, scheiden für unsere Modulationsübungen allerdings aus: Die Umdeutung der Tonika ist nur mit Einschränkung möglich, außerdem wirkt das enge Nebeneinander von Dur- und Molltonika in einer kurzen Ausgangs- bzw. Zielkadenz nicht überzeugend. Und die Molltonika-Parallele bringt wiederum alle bereits bekannten Probleme der III. Stufe mit sich.)

> Bei Tonartabständen von 3–6 Quinten nutzt man die Variantik der Subdominante: Umdeutungsakkord ist die Mollsubdominante der im Tonraum höher stehenden Tonart oder eine ihrer Terzverwandten: ***s***, ***sG*** oder ***sP***. (Der Begriff „höher stehend" bezieht sich auf die Quintenleiter, s. S. 10.)

Modulationsbeispiele

1. **F – A** (im Tonraum aufwärts)
Der Modulationsabstand beträgt vier Quinten, was sich auch aus der Addition der Vorzeichen ergibt: ein ♭ + drei Kreuze = vier Vorzeichen (s. S. 10). Die höher stehende Tonart ist A-dur, also kommen **d** (= *s*), **F** (= *sP*/*tG*) und **B** (= *sG*/*sN*) in Frage. Alle drei Akkorde sind auch in F-dur tonarteigen, können also grundsätzlich zum Modulieren verwendet werden.

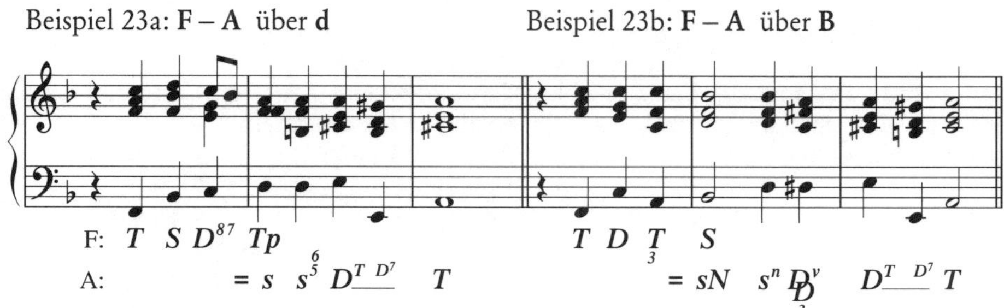

Bei der Modulation im Tonraum aufwärts wird in eine *Mollfunktion der Dur-Zieltonart* umgedeutet. Die direkte Verbindung s^{6}_{5} $D^{T\ D^7}$ kann dann etwas hart klingen (Beispiel 23a). Um diesen Übergang zu glätten, empfiehlt sich der Einschub des $\not{D}^{v}_{D}$ vor der Dominante (Beispiel 23b). Er vermittelt in idealer Weise zwischen der aus der Molltonart stammenden Funktion (hier s^n) und der Durkadenz: s^n $\not{D}^{v}_{D_3}$ $D^{T\ D^7}$ (vgl. auch die Zielkadenzen von der II. und IV. Stufe in Molldur, Beispiele 14 und 16, S. 21).

2. **E – G** (im Tonraum abwärts)
Der Modulationsabstand beträgt drei Quinten, was sich in diesem Fall aus der Subtraktion der Vorzeichen ergibt: Vier Kreuze minus ein Kreuz = drei Quinten. Die höher stehende Tonart ist E-dur, also kommen **a** (= *s*), **C** (= *sP*/*tG*) und **F** (= *sG*/*sN*) in Frage. Nur **a** und **C** sind in G-dur tonarteigen, **F** scheidet als Umdeutungsakkord aus.

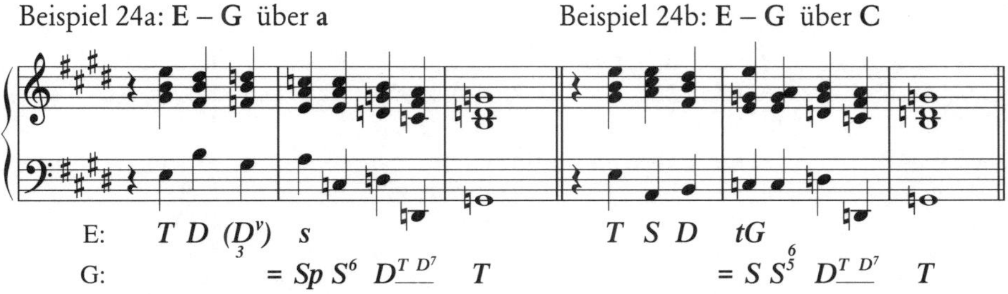

Aufgabe: Schreiben und spielen Sie folgende Modulationen:
B – G D – B B – E Es – G Ges – F H – D G – As E – F Des – F F – As Des – G Es – D A – F G – E
Gehen Sie dabei folgendermaßen vor:
1. Berechnen Sie den Tonartabstand und bestimmen Sie die höher stehende Tonart. Bestimmen Sie deren *s*, *sP* und *sG* und prüfen Sie, ob diese Akkorde in der anderen Tonart enthalten sind.
2. Erstellen Sie Ihren Modulationsplan entweder in Funktions- oder in Tonbuchstaben.
3. Spielen Sie die Modulation am Klavier oder
4. setzen Sie sie vierstimmig aus und spielen Sie sie danach am Klavier.

1.6 Modulationen-Tabelle

Hier sind sämtliche Modulationen aufgeführt, die auf direktem Wege von C-dur und c-moll aus möglich sind, mit Angabe der Anzahl der möglichen Umdeutungsakkorde.
Die großen Buchstaben stehen für Dur und Molldur, die kleinen nur für Moll.

1. **C – G** : 6	2. **C – F** : 5	3. **C – g** : 3	4. **c – F** : 2
5. **c – G** : 4	6. **C – f** : 4	7. **c – g** : 3	8. **c – f** : 3
9. **C – d** : 3	10. **c – B** : 2	11. **C – D** : 3	12. **C – B** : 2
13. **c – d** : 2	14. **c – b** : 3	15. **c – D** : 2	16. **C – b** : 2
17. **C – a** : 4	18. **c – Es** : 2	19. **C – A** : 4	20. **C – Es**: 2
21. **c – es** : 1	22. **C – es** : 1	23. **C – e** : 3	24. **c – As** : 3
25. **C – E** : 2	26. **C – As** : 2	27. **c – e** : 1	28. **c – as** : 2
29. **c – E** : 1	30. **C – as**: 1	31. **C – h** : 3	32. **c – Des**: 3
33. **C – H** : 3	34. **C – Des**: 3	35. **c – h** : 1	36. **c – des**: 1
37. **c – H** : 1	38. **C – des**: 1	39. **C/c – Fis/fis**: 1	40. **C/c – Ges/ges**: 1

Aufgaben:
1. Versuchen Sie, alle in Frage kommenden Umdeutungsakkorde herauszufinden. Notieren Sie sie hinter der betreffenden Zahl und vergleichen Sie Ihr Ergebnis mit den Lösungen.
2. Spielen Sie alle Modulationen von C-dur und c-moll aus und nutzen Sie dabei sämtliche Umdeutungsmöglichkeiten.
3. Transponieren Sie die Tonartabstände und spielen Sie auch diese Modulationen.

Lösungen:

1. **G, C, a, e, d, As**	2. **C, F, d, a, Des**	3. **C, d, As**	4. **Des, As**
5. **c, G, As, Es**	6. **C, f, Des, As**	7. **c, As, Es**	8. **f, Des, As**
9. **G, F, a**	10. **Es, f**	11. **G, e, a**	12. **F, d**
13. **G, Es**	14. **f, Es, Des**	15. **G, Es**	16. **F, Des**
17. **F, d, e, C**	18. **As, f**	19. **F, d, e, C**	20. **f, As**
21. **As**	22. **As**	23. **a, G, F**	24. **f, Des, Es**
25. **a, F**	26. **f, Des**	27. **G**	28. **Des, Es**
29. **G**	30. **Des**	31. **G, e, C**	32. **As, f, Des**
33. **G, e, C**	34. **f, As, Des**	35. **G**	36. **As**
37. **G**	38. **As**	39. **G**	40. **Des**

2. Enharmonische Modulation

Modulationsmittel ist ein Akkord, der sich enharmonisch umdeuten lässt. Dabei wird nicht, wie bei der diatonischen Modulation, der Akkord als Ganzes umgedeutet, sondern nur einzelne Töne. Durch deren Umfunktionierung ändert sich die Intervallstruktur, und damit ändern sich auch der Grundton und die Auflösungsrichtung des Akkordes.
Am häufigsten werden der D^v und der D^v mit tiefalterierter Quinte zur enharmonischen Modulation verwendet: Aus einem D^v wird bei enharmonischer Umdeutung eines oder mehrerer Töne ein anderer D^v (Beispiel 25a), und aus einem alterierten D^v wird bei enharmonischer Umdeutung eines Tons ein Dominantseptakkord (Beispiel 25c):

Beispiel 25

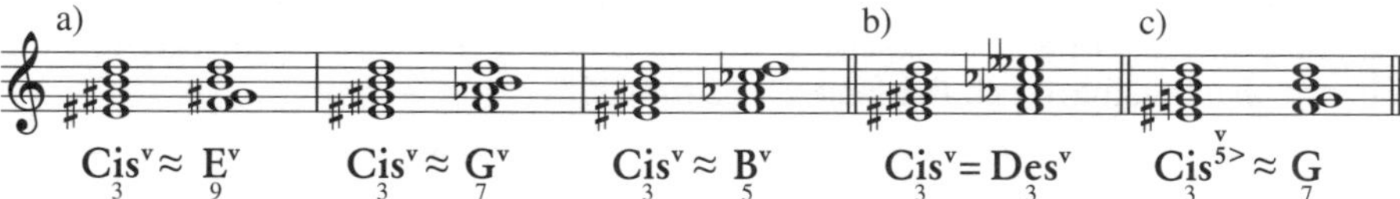

Anmerkung zur Schreibweise: ≈ ist das Zeichen für enharmonische Umdeutung.

In beiden Akkorden spielt der Tritonus eine wichtige Rolle. Er ist das einzige Intervall, welches sich beim Hören nicht eindeutig bestimmen lässt, denn er kann entweder übermäßige Quarte oder verminderte Quinte sein. Diese Doppeldeutigkeit überträgt sich auf jeden Akkord, der einen Tritonus enthält, so wie unsere beiden Modulationsakkorde. In Beispiel 25c ist zu sehen, dass sogar der an sich stabile Dominantseptakkord nicht vor tonalen Zweideutigkeiten gefeit ist: Die übermäßige Quarte *f–h* kann als verminderte Quinte *eis–h* interpretiert werden.

Die *enharmonische Umdeutung* ist sorgfältig zu unterscheiden von der *enharmonischen Verwechslung*. Letztere wird aus lesetechnischen Gründen vorgenommen: Wenn z. B. im Verlauf eines Stückes die Tonart Ces-dur erreicht worden ist, wird in H-dur weiter notiert, um das Notenlesen zu erleichtern. Beispiel 25b zeigt die enharmonische Verwechslung von **Cis**^{v}. In beiden Akkorden ist die Intervallstruktur gleich. Beispiel 25a hingegen zeigt wirkliche enharmonische Umdeutungen von **Cis**^{v}, denn **E**^{v}, **G**^{v} und **B**^{v} haben einen anderen Intervallaufbau.
Anmerkung zur Schreibweise: **Cis**^{v} ist die Bezeichnung für den D^v, der sich auf den (fehlenden!) Grundton *cis* bezieht, **E**^{v} für den D^v, der sich auf den fehlenden Grundton *e* bezieht usw.

2.1 Modulation über den D^v

D^v ist die allgemein übliche Kurzbezeichnung für den kleinen Dominantseptnonakkord ohne Grundton. Er ist als verminderter Septakkord auf der VII. Stufe im harmonischen Moll zu finden. In c-moll sieht er folgendermaßen aus:

Beispiel 26

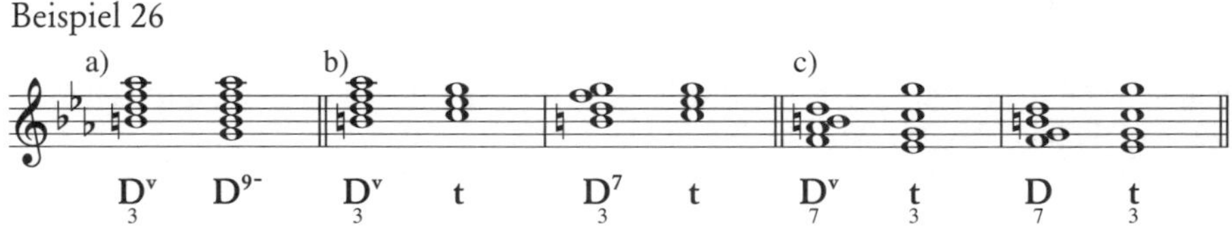

Die Akkordtöne werden auf den fehlenden Grundton, hier *g*, bezogen. Der tiefste klingende Ton ist damit die Terz. Dass diese gleichzeitig Tonartleitton ist, verdeutlicht die Dominantfunktion des Akkordes.
Wer es nicht gewohnt ist, den verminderten Septakkord als Dominantfunktion aufzufassen, vergleiche die verschiedenen Auflösungen des D^v mit den entsprechenden des D^7 (Beispiele 26b und 26c). Der Ähnlichkeit der klanglichen Wirkung entspricht die Ähnlichkeit der Bezeichnungen; so hat z. B. das *f* seine Abwärtstendenz in die Tonikaterz auch dann, wenn der Akkord anstatt des Grundtons *g* die kleine None *as* enthält. Es liegt daher nahe, das *f* in beiden Akkorden als Septime zu bezeichnen.
Der D^v ist nur im harmonischen Moll ein leitereigener Akkord. Dennoch wird er auch in Dur verwendet (wie auch die Mollsubdominante und deren terzverwandte Dreiklänge, s. S. 28). Die großen Tonartbuchstaben beinhalten daher jeweils auch die Mollvariante.
Fast noch wichtiger als der tonarteigene D^v ist der D^v in seiner Funktion als Zwischendominante. Besonders als Doppeldominante (DD^v) ist er seit Beginn des 18. Jahrhunderts häufig anzutreffen, auch in Dur. In Schlusskadenzen wird er fast immer in den Quartsextvorhalt der Dominante weiter geführt (vgl. Beispiele 21, 22 und 23b).

> Um mit dem D^v zu modulieren, wird ein verminderter Septakkord, der in der Ausgangstonart entweder einfacher D^v oder DD^v ist, in den einfachen D^v oder den DD^v der Zieltonart umgedeutet. Auf diese Weise gelangt man von jeder Dur- oder Molltonart in fast jede andere Dur- oder Molltonart.

Modulationsschema

Tonika 1	——————>	$D^v \approx D^v$	——————>	Tonika 2
	Ausgangskadenz		Zielkadenz	

Der Umdeutungsvorgang: Der einfache D^v einer Tonart lässt sich nach enharmonischer Umdeutung in drei andere Tonarten auflösen, hier dargestellt am D^v der Tonart H-dur:

Beispiel 27

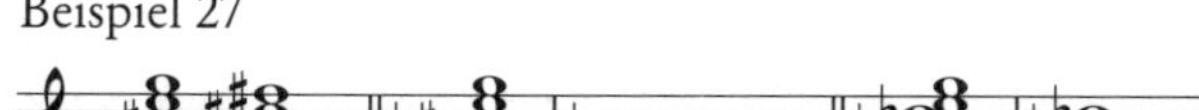

Setzt man denselben D^v in der Zieltonart als Doppeldominante ein, so kann man in drei weitere Tonarten modulieren:

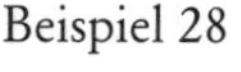
Beispiel 28

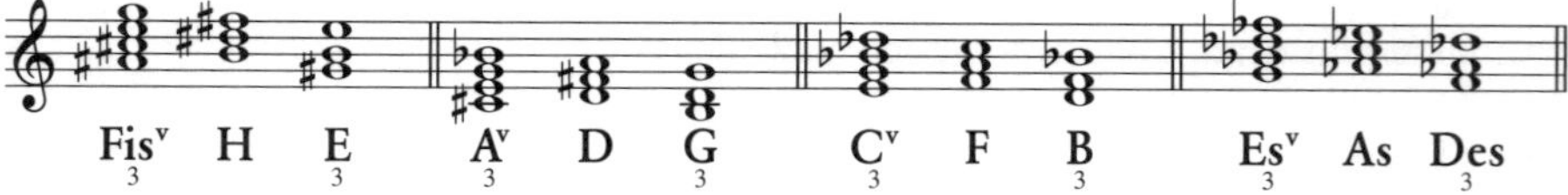

Als einfacher D^v der Ausgangstonart ermöglicht dieser Akkord also sechs Modulationen: **H – D, H – F, H – As, H – G, H – B** und **H – Des.**
Setzt man ihn als DD^v ein, so ist die Ausgangstonart E-dur. Umgedeutet in den einfachen D^v der Zieltonart führt er von **E** aus nach **D, F** und **As.** Übertragen auf die Ausgangstonart H-dur wären

das die Abstände **H – A, H – C** und **H – Es.** Mit Hilfe eines einzigen D^v können also neun verschiedene Modulationen durchgeführt werden.
Es wären noch zwei mehr, wenn auch der einfache Quintabstand für die enharmonische Umdeutung in Frage käme. Da aber der D^v dieselben Töne wie der DD^v der um eine Quinte tieferen Tonart hat, ist hier höchstens eine diatonische Umdeutung möglich. So ist z. B. der D^v von **C** identisch mit dem DD^v von **F** und der DD^v von **C** mit dem D^v von **G.**

Anmerkung zur Schreibweise: Der Großbuchstabe steht hier auch für die Mollvariante. Auch die enharmonischen Verwechslungen der Tonarten sind inbegriffen: **H – As** kann daher auch **Ces – As** oder **h – gis** bedeuten.

Mit den drei Umdeutungen $D^v \approx D^v$, $D^v \approx DD^v$ und $DD^v \approx D^v$ lassen sich alle Tonarten bis auf die im einfachen Quintabstand erreichen. Von C-dur aus sind dies:
A, Fis und **Es** über $D^v \approx D^v$ bzw. $DD^v \approx DD^v$,
As, H und **D** über $D^v \approx DD^v$,
B, Des und **E** über $DD^v \approx D^v$.
Wenn der Zwischen-D^v der Subdominante (vgl. Beispiel 37b) oder anderer Funktionen mit einbezogen wird, wird die Anzahl der Möglichkeiten nicht größer. Lediglich die Auswahl der Ausgangs- und Zielkadenzen wird dann reichhaltiger.

Aufgaben:
1. Notieren Sie den D^v der Tonart g-moll und deuten Sie ihn in drei andere D^v-Akkorde enharmonisch um.
2. Bestimmen Sie deren Grundtöne und lösen Sie sie in die betreffenden Tonika-Akkorde auf.
3. Verfahren Sie ebenso mit dem D^v der Tonart A-dur.
4. Bestimmen Sie die D^v- bzw. DD^v-Umdeutungen der Modulationen

g – A   D – As   Des – B   E – Es   A – cis   H – A   B – G   D – f   A – b

Der Modulationsablauf: Beethoven moduliert im 1. Satz seiner Klaviersonate op. 13 (Pathétique) in den Takten 134–137 von g-moll nach e-moll, indem er den D^v von g-moll in den von e-moll umdeutet. Dazu löst er den D^v zunächst einmal innerhalb der Ausgangstonart auf (1). Dann greift er ihn wieder auf (2) – nun mit *dis* notiert anstatt mit *es* – und führt den so entstandenen H^v nach e-moll:

Beispiel 29

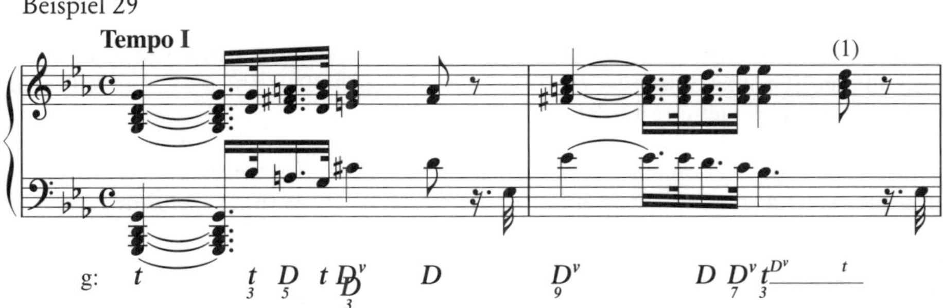

Dieser Vorgang soll hier als Vorbild dienen: Der umzudeutende *D*ᵛ wird innerhalb der Ausgangskadenz zunächst einmal aufgelöst (1). Danach wird er wieder aufgegriffen (2), enharmonisch umgedeutet (3) und in die Zielkadenz geführt:

Beispiel 30a: Modulation **g – e**

Beispiel 30b: Modulation **e – g**

Bei seinem zweiten Auftreten kann der *D*ᵛ entweder den gleichen Basston wie beim ersten Mal bekommen (Beispiel 30b) oder einen anderen (Beispiel 30a). Auf jeden Fall sollte der Basston stufenweise eingeführt werden.

Die Ausgangskadenz bei Umdeutung des einfachen *D*ᵛ: Wenn der *einfache D*ᵛ der Ausgangstonart umgedeutet werden soll, wird dieser in den Sextakkord der Tonika geführt:

Beispiel 31

Die Ausgangskadenz bei Umdeutung des DD^v: Wenn der DD^v umgedeutet werden soll, wird dieser in die Dominante geführt, so dass sich eine Halbschlusskadenz ergibt:

Beispiel 32

Da dominantische Akkorde eher auf leichter und ihre Auflösungsakkorde eher auf schwerer Zählzeit stehen, erscheint bei enharmonischen Modulationen – anders als bei diatonischen – der Umdeutungsakkord auf leichter Taktzeit.

Aufgaben:

1. Spielen Sie die beiden Ausgangskadenzen in allen drei Lagen in sämtlichen Tonarten. Gehen Sie dabei folgendermaßen vor:
   a) Spielen Sie die Kadenzen zunächst nach der Notenvorlage in C-dur und c -moll.
   b) Schreiben Sie sich die Funktionsbezeichnungen heraus und spielen Sie die Kadenzen danach. Üben Sie evtl. zuerst die Bassstimme allein.
   c) Transponieren Sie die Kadenzen in andere Tonarten. Beschränken Sie sich dabei zunächst auf eine Ausgangslage, dann verfahren Sie mit den anderen beiden Lagen genauso.
2. Spielen Sie die Modulationen **g – e** und **e – g** (Beispiele 30a und 30b), zunächst nach den Noten, dann nach den Funktionsbezeichnungen. Beginnen Sie dabei in allen drei Lagen. Spielen Sie ebenso die Modulationen **c – a** **a – c** **f – d** **d – f** **d – h** **h – d**.

Die Zielkadenz nach Umdeutung in den einfachen D^v**:** Innerhalb der Zielkadenz empfiehlt es sich, den Basston des D^v so zu wählen, dass er in die Terz der Tonika führt, um einen vorzeitigen Schluss zu vermeiden. Dafür bieten sich Septime und Quinte an (Beispiele 30a und 30b).

Beispiel 33: Modulation **C – fis**

Wenn der Basston des D^v stufenweise eingeführt wird, ergibt sich die beste klangliche Wirkung. Dies ist mit der Septime und der Quinte nicht immer möglich, wie z. B. bei Tonarten im Tritonusabstand. Hier sind nur die Terz und die None des D^v stufenweise zu erreichen. Nimmt man die Terz, so erscheint in der Zielkadenz sofort die Tonika in Grundstellung. Dadurch kann eine gewisse vorzeitige Schlusswirkung entstehen, die aber nicht allzu stark ist, weil im Bass kein Quintfall stattfindet (Beispiel 33a).
Nimmt man als Basston die None, kann man diese in der Art eines Sekundvorhaltes in den Grundton führen, wie Beethoven es tut (Beispiel 29). Den so entstandenen D^7 in Grundstellung in eine überzeugende Zielkadenz weiterzuführen, ohne sofort zu schließen, erfordert allerdings einen erhöhten Aufwand.
Besser ist es, von der stufenweise erreichten Terz oder None aus in die Septime oder Quinte zu wechseln, wie es in den Beispielen 33b, sowie 34a und 34b zu sehen ist. Die Zielkadenz wird dadurch verlängert, so dass die Taktordnung der Ausgangskadenz evtl. angepasst werden muss, wie in Beispiel 33b durch die Verlängerung der Tonika auf eine halbe Note.

Beispiel 34

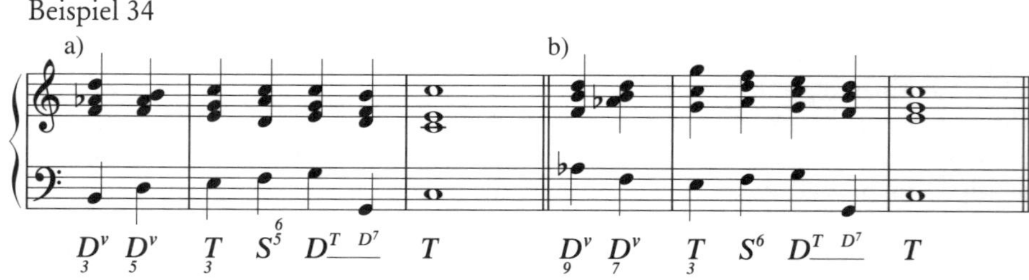

Die Zielkadenz nach Umdeutung in den $\not{D}^v$: Carl Maria von Weber deutet im 2. Satz seines Trios in g-moll op. 63 für Flöte, Cello und Klavier den D^v von a-moll in den $\not{D}^v$ von F-dur um:

Beispiel 35

Hier erscheint der DD^{v} in seiner häufigsten Form, mit der Terz im Bass, welche leittönig in den Grundton des D^{T}-Vorhaltes führt. Dies ergibt die schlüssigste Zielkadenz und soll daher auch als Vorbild für unsere Modulationen dienen.
Auch die Terz des DD^{v} ist nicht immer stufenweise zu erreichen, so dass der Basston hier evtl. ebenfalls gewechselt werden muss.
Nach der Auflösung des DD^{v} in den Quartsextvorhalt der Dominante ist die Subdominante nicht mehr möglich, ohne die Zielkadenz erheblich zu verlängern. Nach dem DD^{v} ist sie aber auch nicht mehr nötig, denn er ersetzt gewissermaßen die Subdominante.

Aufgaben:

1. Spielen Sie einen D^{v} auf dem Ton *fis*, zunächst nur mit der rechten Hand. Stellen Sie sich nun den Basston nacheinander als Terz, Quinte und Septime vor, bestimmen Sie jeweils den (fehlenden!) Grundton des D^{v} und lösen Sie ihn in die betreffende Tonika auf. (Basstonregel: Die Terz geht in den Grundton, Quinte und Septime gehen in die Terz der Tonika.) Wiederholen Sie dies mit den D^{v}-Akkorden auf *g* und *gis*.
2. Nehmen Sie einen beliebigen Basston in die linke Hand und errichten Sie darauf in der rechten Hand einen D^{v}. Wechseln Sie nun unter Beibehaltung des Basstons die Lagen der Oberstimmen. Achten Sie darauf, dass Sie in der rechten Hand jeweils nur drei Töne spielen und nicht den Basston verdoppeln!
3. Spielen Sie Aufgabe 1 mit beiden Händen in Generalbass-Griffweise. Beginnen Sie dabei in allen drei Lagen.
4. Üben Sie auch den Basstonwechsel: Nehmen Sie einen D^{v} wie in Aufgabe 2 und tauschen Sie mehrere Male den Basston aus. Dabei muss jeweils eine der drei Oberstimmen ebenfalls ihre Position wechseln.
5. Nehmen Sie wiederum einen D^{v} wie in Aufgabe 2 und führen Sie diesen nacheinander in drei verschiedene Zielkadenzen, indem Sie den gleichen Basston nacheinander als Terz, Quinte und Septime auffassen.
6. Bilden Sie einen D^{v} und führen Sie ihn als DD^{v} in die entsprechende Zielkadenz: $DD^{v}_{3}\ D^{T\,\_\,D^{7}}\ T$. Spielen Sie dies in allen drei Lagen.
7. Wiederholen Sie Aufgabe 6 und wechseln Sie vor der Auflösung in den D^{T}-Vorhalt den Basston, so dass Sie noch drei weitere Tonarten erreichen.
8. Wiederholen Sie die Aufgaben 6 und 7 mit anderen D^{v}-Akkorden.

Modulationsbeispiele

Beispiel 36a: **e – g** über $DD^v \approx DD^v$ (vgl. Beispiel 30b)

Beispiel 36b: **B – h** über $DD^v \approx D^v$

Beispiel 37a: **D – B** über $D^v \approx DD^v$

Beispiel 37b: **f – G** über $(D^v)s \approx D^v$

In Beispiel 37b wird gezeigt, wie auch über den Zwischen-D^v der Subdominante moduliert werden kann. Die Umdeutung $D^v \approx DD^v$ wäre hier ebenfalls möglich gewesen.

Aufgaben:

1. Spielen Sie die Modulationen der Beispiele 36a–37b, zunächst nach den Noten, dann nach den abgeschriebenen Funktionsbezeichnungen. Beginnen Sie dabei in allen drei Lagen.

2. Schreiben und spielen Sie folgende Modulationen:
   E – g a – Es e – Des As – H b – G e – Es A – f F – G B – a
   c – B fis – As h – g cis – f B – h D – c fis – g Es – G
   Gehen Sie dabei folgendermaßen vor:
   a) Bestimmen Sie den gemeinsamen D^{v} bzw. $D\!\!\!D^{v}$ der beiden Tonarten.
   b) Erstellen Sie einen Modulationsplan aus Funktionsbezeichnungen und spielen Sie die Modulation danach.
   c) Falls Ihnen dies noch schwer fällt, ersetzen Sie die Funktionen durch Tonbuchstaben und spielen Sie danach. Oder:
   d) Setzen Sie die Modulationen vierstimmig aus.
   e) Spielen Sie Ihre Modulationen im geraden Takt, wie in unseren Beispielen. Beachten Sie dabei, dass die Ausgangstonika sowie alle Zwischendominanten und D^{v}-Akkorde auf leichter Taktzeit erscheinen. Die Zieltonika steht dagegen auf schwerer Taktzeit.
   f) Gestalten Sie die Modulationen als Achttakter im 2/4- oder 3/4-Takt mit ein bis zwei Akkorden pro Takt. Die Ausgangskadenz bildet den Vordersatz und die Zielkadenz den Nachsatz. Als Beispiel folgt hier die Modulation **e – g** im 2/4-Takt (vgl. Beispiel 36a). Gestaltungsmittel sind
      - Tonrepetition (TR)
      - Lagenwechsel (LW)
      - Stellungswechsel (SW)
      - Oktavsprünge (OS) im Bass
      - Wechselnoten (WN) in der Oberstimme
      - Durchgangsnoten (DN) in Ober- und Unterstimme

      Üben Sie sämtliche Elemente zunächst separat, indem Sie eine Modulation nur mit Lagenwechseln spielen, dann nur mit Stellungswechseln usw.

Beispiel 38

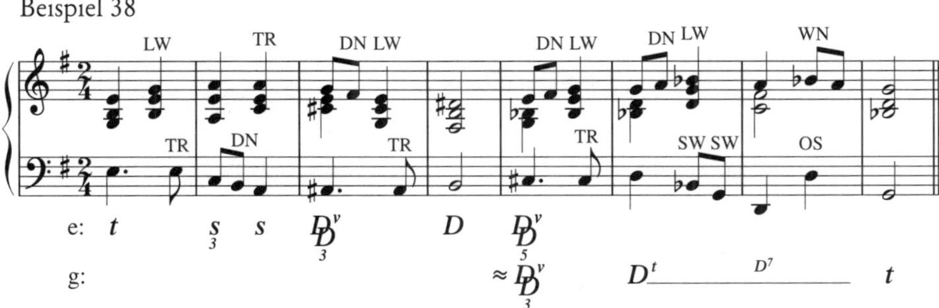

2.2 Modulation über den alterierten D^{v}

Der D^{v} mit tiefalterierter Quinte (hier kurz als „alterierter D^{v}" bezeichnet) ist klanglich identisch mit dem Dominantseptakkord und kann daher in einen solchen enharmonisch umgedeutet werden (vgl. Beispiel 25c).

2.2.1 Modulation über den alterierten $D\!\!\!D^{v}$ der Zieltonart

Der Dominantseptakkord der Ausgangstonart oder ein Zwischen-D^{7} zu einem Akkord der Ausgangstonart wird in den $D\!\!\!D^{v}_{5>}$ der Zieltonart umgedeutet.

Der D^{v} mit der tiefalterierten Quinte im Bass (Beispiel 39a) ist seit der Wiener Klassik einer der häufigsten alterierten Akkorde überhaupt und wird fast immer als Doppeldominante verwendet. Er wird in den Quartsextvorhalt der Dominante aufgelöst, eine Standardwendung, bei welcher sich der Basston im Halbtonschritt abwärts in den Dominantgrundton auflöst (Beispiel 39b):

Beispiel 39

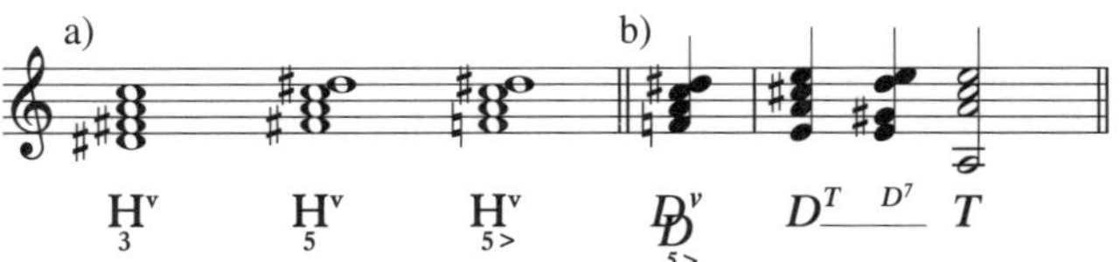

In dem Lied „Einsamkeit“ aus der *Winterreise* benutzt Schubert die Umdeutung des D^7 in den alterierten $\not{D}^{v}$, um von C-dur nach h-moll zu modulieren (T. 43–46):

Beispiel 40

Modulationsschema

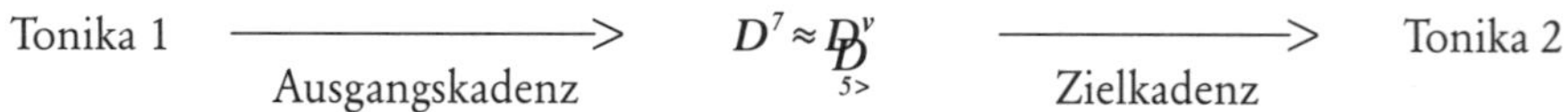

Der Umdeutungsvorgang: Bei der enharmonischen Umdeutung wird aus der Septime des D^7 die Terz des alterierten $\not{D}^{v}$, aus dem Abwärtsleitton wird ein Aufwärtsleitton. Außerdem wird der Grundton des D^7 zum Abwärtsleitton, der tiefalterierten Quinte:

Beispiel 41

Das Grundgerüst des $\not{D}^{v}$ mit tiefalterierter Quinte im Bass ist ein Durdreiklang; der vierte Ton bildet zu dessen Grundton eine übermäßige Sexte, enharmonisch identisch mit einer kleinen Septime. Bei der Auflösung in den D^T-Vorhalt geht der Bass leittönig abwärts und die „Septime“ aufwärts. (Auf Grund seines Intervallaufbaus wird dieser Akkord als „übermäßiger Quintsextakkord“ bezeichnet. Löst man ihn ohne den Quartsextvorhalt in den E-dur-Dreiklang auf, so entstehen die so genannten „Mozartquinten“, die bei Mozart allerdings kaum zu finden sind.)

Aufgaben (schriftlich und am Klavier):
Bilden Sie auf verschiedenen Tönen (vorzugsweise ♭-Tönen) Dominantseptakkorde, deuten Sie diese jeweils enharmonisch in alterierte D^v um und lösen Sie sie in $D^{\underline{T\ D^7}}\ T$ auf.

Der Modulationsablauf: In einer Halbschlusskadenz wird die Dominante der Ausgangstonart angesteuert. Anschließend wird ihr die Septime hinzugefügt und enharmonisch umgedeutet. Der so entstandene übermäßige Quintsextakkord wird als alterierter $\not{D}\!\!D^v$ in die Zielkadenz geführt. Auch hier steht der Umdeutungsakkord auf leichter Taktzeit.

Beispiel 42: Modulation **B – A**

> Durch die Umdeutung des einfachen D^7 der Ausgangstonart in den alterierten $\not{D}\!\!D^v$ der Zieltonart wird in die einen Halbton tiefer liegende Tonart moduliert.

Aufgaben:
1. Spielen Sie die Modulation **B – A** zunächst nach den Noten, dann nur noch nach den Funktionsbezeichnungen. Beginnen Sie dabei in allen drei Lagen.
2. Schreiben Sie für folgende Modulationen die Pläne in Tonbuchstaben und setzen Sie sie vierstimmig aus: **c – H f – E Es – d As – g**
3. Spielen Sie die Modulationen, wenn möglich nur nach den Bezeichnungen.

Die Umdeutung von Zwischen-Dominantseptakkorden: Außer dem Septakkord der V. Stufe lassen sich auch Zwischen-Dominantseptakkorde der Ausgangstonart umdeuten. Dadurch wird es möglich, eine Anzahl weiterer Modulationen durchzuführen.
Um den *Umdeutungsakkord* zu finden, geht man vom Dominantgrundton der Zieltonart aus: Eine kleine Sekunde darüber hat der alterierte $\not{D}\!\!D^v$ seine Position. Der umzudeutende D^7 ist also auf dem *Abwärtsleitton zur Zieldominante* zu finden.

Aufgabe: Notieren Sie für folgende Modulationen die Umdeutungen:
Ges – C Es – H Des – F As – A Ges – A

Der Modulationsablauf: Der alterierte $\not{D}\!\!D^v$ der Zieltonart wird bestimmt und – umgedeutet in einen Dominantseptakkord – als Zwischen-D^7 einem Bezugsakkord innerhalb der Ausgangstonart zugeordnet. In der Ausgangskadenz wird zunächst dieser Bezugsakkord angesteuert. Darauf schließt sich dessen D^7 als rückbezügliche Zwischendominante an und wird enharmonisch in den alterierten $\not{D}\!\!D^v$ der Zieltonart umgedeutet. Dieser führt über den Quartsextvorhalt der Dominante in die Zielkadenz.

Beispiel 43: Modulation **B – H**

Der Abwärtsleitton zur Dominante der Zieltonart ist *g*, dieses ist Grundton des umzudeutenden Zwischen-D^7. $\mathbf{G}^7$ ist die Dominante zu c-moll, der II. Stufe der Ausgangstonart. Die Ausgangskadenz geht also zunächst zur Subdominantparallele, worauf der $\mathbf{G}^7$-Akkord in Grundstellung folgt. Er wird nach enharmonischer Umdeutung des *f* zu *eis* als alterierter $\mathbf{Cis}^v$ in die H-dur-Kadenz geführt.

Modulationsmöglichkeiten von B-dur aus:

B – D über $\mathbf{B}^7$ als (D^7) zu S: $T \quad D \quad \underset{3}{T} \quad S \leftarrow (D^7) \approx \underset{5>}{\not{D}^{v}} \quad D^{T\,D^7}\_\_ \quad T$

B – A über $\mathbf{F}^7$ als D^7 zu T: $T \quad S \quad \underset{3}{\not{D}^{7}} \quad D \quad D^7 \approx \underset{5>}{\not{D}^{v}} \quad D^{T\,D^7}\_\_ \quad T$ (vgl. Beispiel 42)

B – E über $\mathbf{C}^7$ als (D^7) zu D: $T \quad S \quad \underset{3}{\not{D}^{7}} \quad D \quad \not{D}^{7} \approx \underset{5>}{\not{D}^{v}} \quad D^{T\,D^7}\_\_ \quad T$

B – H über $\mathbf{G}^7$ als (D^7) zu Sp: $T \quad \underset{3}{D} \quad (\underset{3}{D}^{v}) \quad Sp \leftarrow (D^7) \approx \underset{5>}{\not{D}^{v}} \quad D^{T\,D^7}\_\_ \quad T$ (vgl. Beispiel 43)

B – Fis über $\mathbf{D}^7$ als (D^7) zu Tp: $T \quad S \quad D \quad Tp \leftarrow (D^7) \approx \underset{5>}{\not{D}^{v}} \quad D^{T\,D^7}\_\_ \quad T$

B – Cis über $\mathbf{A}^7$ als (D^7) zu Dp: $T \quad S \quad (\underset{3}{D}^{v}) \quad Dp \leftarrow (D^7) \approx \underset{5>}{\not{D}^{v}} \quad D^{T\,D^7}\_\_ \quad T$

Die Modulationen funktionieren auch von Kreuz- nach ♭-Tonarten, wenn nämlich statt der Septime die drei anderen Töne des D^7 umgedeutet werden. So kann z. B. von A-dur nach As-dur moduliert werden: Der alterierte $\not{D}^{v}$ in As-dur heißt *fes–as–ces–d*. Werden *fes*, *as* und *ces* umgedeutet zu *e*, *gis* und *h*, so entsteht der D^7 von A-dur. Die dadurch möglichen Tonartabstände sind enharmonisch identisch mit den oben aufgelisteten; **B – A** etwa entspricht **A – As**, wenn **As** enharmonisch zu **Gis** verwechselt wird.

Anstatt als rückbezügliche Zwischendominante kann der umzudeutende D^7 auch durch eine tonzentrale Rückung (s. S. 55) eingeführt werden. In der Ausgangskadenz wird dann die tiefalterierte Quinte der Ziel-Doppeldominante als Basston angesteuert, darauf ein D^7 errichtet, umgedeutet und in die bekannte Zielkadenz geführt. Die Modulation **B – H** sähe dann so aus (ausnotiert finden Sie diese Modulation in Beispiel 69b):

$$T \quad S \quad D \quad Tp \quad (D^7)_{Sp} \approx \underset{5>}{\not{D}^{v}} \quad D^{T\,D^7}\_\_ \quad T$$

Anmerkung zur Schreibweise: Das hochgestellte Funktionssymbol bezeichnet den Akkord, auf den sich die Zwischendominante bezieht, der aber selbst nicht erscheint.

Aufgaben:

1. Spielen Sie die beschriebenen Modulationen von B-dur aus am Klavier, entweder nach den Funktionsbezeichnungen, nach Tonbuchstaben oder nach den Noten, nachdem Sie sie vierstimmig ausgesetzt haben.
2. Schreiben Sie für folgende Modulationen die Pläne in Funktionsbezeichnungen und setzen Sie sie vierstimmig aus: **Des – G Es – e F – cis As – D Es – G Ges – F Des – D F – A c – h As – E**
3. Spielen Sie die Modulationen, wenn möglich, nur nach den Funktionsbezeichnungen. Verwenden Sie dabei ein Taktschema und beachten Sie die Hinweise von S. 39.
4. Gestalten Sie die Modulationen als Achttakter, wie auf S. 23 und 39 beschrieben.

2.2.2 Modulation über den alterierten *D*ᵛ der Ausgangstonart

Ein alterierter Zwischen-*D*ᵛ zu einem leitereigenen Akkord der Ausgangstonart wird in den Dominantseptakkord der Zieltonart umgedeutet.

Modulationsschema

Tonika 1 ——————> ←($D^{v\,5>}_{3}$) ≈ D_7 ——————> Tonika 2

Ausgangskadenz … Zielkadenz

Der Umdeutungsvorgang: Bei der enharmonischen Umdeutung wird aus der Terz des alterierten *D*ᵛ die Septime des D^7, aus dem Aufwärtsleitton wird ein Abwärtsleitton:

Beispiel 44

Schubert nutzt diese Umdeutung in seinem Lied „Du liebst mich nicht“ (D 756), um von g-moll nach As-dur zu gelangen (T. 17–20):

Beispiel 45

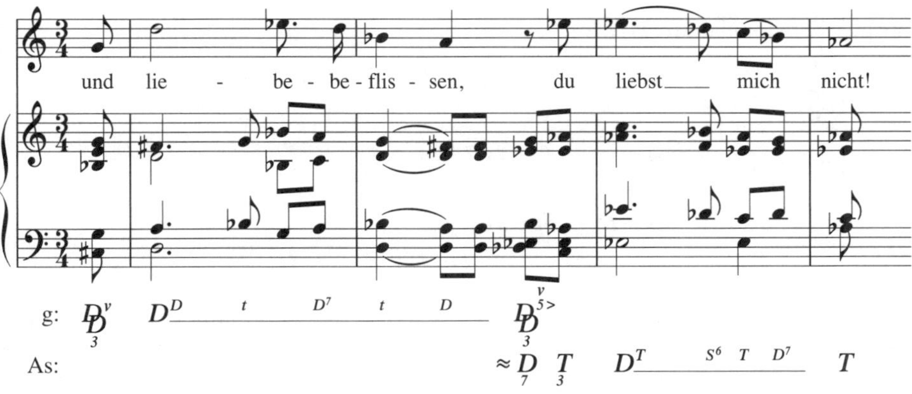

Der Modulationsablauf: In einer Halbschlusskadenz wird die Dominante der Ausgangstonart angesteuert. Ihr folgt der alterierte $D\!\!\!/\,D^v$ mit Terz im Bass. Nachdem man diese enharmonisch in die Septime der Ziel-Dominante umgedeutet hat, führt man den so entstandenen Sekundakkord über den Tonika-Sextakkord in die Zielkadenz.

Beispiel 46: Modulation G – As

> Durch die Umdeutung des alterierten $D\!\!\!/\,D^v$ der Ausgangstonart wird in die einen Halbton höher liegende Tonart moduliert.

Die Umdeutung anderer Zwischen-*D*^v^: Außer dem $D\!\!\!/\,D^v$ lassen sich auch andere Zwischen-D^v und der einfache D^v der Ausgangstonart umdeuten. Dadurch wird es möglich, eine Anzahl weiterer Modulationen durchzuführen.
Um den *Umdeutungsakkord* zu finden, geht man von der *Dominantseptime der Zieltonart* aus; sie ist, enharmonisch umgedeutet, die Terz des gesuchten alterierten Zwischen-D^v in der Ausgangstonart. Eine kleine Sekunde darüber liegt der Grundton des Akkordes, der in der Ausgangskadenz als erstes angesteuert wird. Sein Grundton bildet zur Ausgangstonika ein Tritonusintervall.

Aufgabe: Notieren Sie die Umdeutungen folgender Modulationen:
A – F E – Es B – Des C – B F – Ges

Der Modulationsablauf: Die Ausgangskadenz endet auf dem Tritonuston der Zieltonart, denn auf diesem befindet sich der Bezugsakkord des umzudeutenden alterierten Zwischen-D^v. Dieser folgt darauf mit der Terz im Bass und wird nach der enharmonischen Umdeutung in die Zielkadenz geführt.

Beispiel 47: Modulation D – f

Die Septime der Zieldominante ist *b*. Als *ais* ist es Terz der Zwischendominante zur Tonikaparallele h-moll der Ausgangstonart. Die Ausgangskadenz besteht daher aus einem Trugschluss und der sich anschließenden Zwischendominante Fis-dur als alteriertem D^v mit Terz im Bass. Das *ais* wird zu *b* umgedeutet als Septime der Zieldominante C-dur, worauf sich die f-moll-Kadenz anschließt.

Modulationsmöglichkeiten von D-dur aus:

D – C über $\overset{v}{\underset{3}{\mathrm{Cis}}}{}^{5>}$ als $(\overset{v}{\underset{3}{D}}{}^{5>})$ zu *Dp*: $T\ D^{8\ 7}\ Tp\ Dp \leftarrow (\overset{v}{\underset{3}{D}}{}^{5>}) \approx \underset{7}{D}\ \underset{3}{T}\ S^{6}_{5}\ D^{T\ D^7}\ T$

D – F über $\overset{v}{\underset{3}{\mathrm{Fis}}}{}^{5>}$ als $(\overset{v}{\underset{3}{D}}{}^{5>})$ zu *Tp*: $T\ S\ D\ Tp \leftarrow (\overset{v}{\underset{3}{D}}{}^{5>}) \approx \underset{7}{D}\ \underset{3}{T}\ S^{6}_{5}\ D^{T\ D^7}\ T$ (vgl. Beispiel 47)

D – B über $\overset{v}{\underset{3}{\mathrm{H}}}{}^{5>}$ als $(\overset{v}{\underset{3}{D}}{}^{5>})$ zu *Sp*: $T\ D\ Tp\ Sp \leftarrow (\overset{v}{\underset{3}{D}}{}^{5>}) \approx \underset{7}{D}\ \underset{3}{T}\ S^{6}_{5}\ D^{T\ D^7}\ T$

D – Es über $\overset{v}{\underset{3}{\mathrm{E}}}{}^{5>}$ als $(\overset{v}{\underset{3}{D}}{}^{5>})$ zu *D*: $T\ S\ \underset{3}{D\!\!\!D}{}^{7}\ D\ \overset{v}{\underset{3}{D\!\!\!D}}{}^{5>} \approx \underset{7}{D}\ \underset{3}{T}\ S^{6}_{5}\ D^{T\ D^7}\ T$ (vgl. Beispiel 46)

D – As über $\overset{v}{\underset{3}{\mathrm{A}}}{}^{5>}$ als $\overset{v}{\underset{3}{D}}{}^{5>}$ zu *T*: $T\ S\ D\ T \leftarrow (\overset{v}{\underset{3}{D}}{}^{5>}) \approx \underset{7}{D}\ \underset{3}{T}\ S^{6}_{5}\ D^{T\ D^7}\ T$

D – Des über $\overset{v}{\underset{3}{\mathrm{D}}}{}^{5>}$ als $(\overset{v}{\underset{3}{D}}{}^{5>})$ zu *S*: $T\ D\ \underset{3}{T}\ S \leftarrow (\overset{v}{\underset{3}{D}}{}^{5>}) \approx \underset{7}{D}\ \underset{3}{T}\ S^{6}_{5}\ D^{T\ D^7}\ T$

Die Modulationen funktionieren auch von ♭- nach Kreuztonarten, wenn statt der Terz die drei anderen Töne des alterierten D^{v} umgedeutet werden. So kann z. B. von Es-dur nach E-dur moduliert werden: Der D^{7} in E-dur heißt *h–dis–fis–a*. Werden *h*, *dis* und *fis* zu *ces*, *es* und *ges* umgedeutet, so entsteht der alterierte $D\!\!\!D^{v}$ von Es-dur. Die dadurch möglichen Tonartabstände sind enharmonisch identisch mit den oben aufgelisteten; **Es – E** etwa entspricht **D – Dis**, wenn **Dis** enharmonisch zu **Es** verwechselt wird.

Aufgaben:

1. Spielen Sie die Modulationen von D-dur aus am Klavier, entweder nach den Funktionsbezeichnungen, nach Tonbuchstaben oder nach den Noten, nachdem Sie sie vierstimmig ausgesetzt haben.
2. Schreiben Sie für folgende Modulationen die Pläne in Funktionsbezeichnungen und setzen Sie sie vierstimmig aus: **G – As E – c A – Es F – As H – B A – G A – As G – b Es – Des H – G e – f Fis – C**
3. Spielen Sie die Modulationen, wenn möglich nur nach den Bezeichnungen. Verwenden Sie dabei ein Taktschema und beachten Sie die Hinweise von S. 39.
4. Gestalten Sie die Modulationen als Achttakter, wie auf S. 23 und 39 beschrieben.

3. Chromatische Modulation

Während sich die diatonische und die enharmonische Modulation der funktionalen Umdeutung von Akkorden bzw. Akkordtönen bedienen, beruht die chromatische Modulation im Wesentlichen auf linearen Vorgängen. Dabei tritt das rein klangliche Moment der Akkorde in den Vordergrund, während ihre Funktionalität an Bedeutung verliert: Nicht das Prinzip der Ton- oder Akkord*verwandtschaft* (Quint- oder Terzverwandtschaft) bestimmt die Verbindungen, sondern das lineare Prinzip der Ton- oder Akkord*nachbarschaft*. Dabei kann mit einem melodisch sehr kleinen Schritt eine große Entfernung im Tonraum zurückgelegt werden. So liegen z. B. *c* und *cis/des* zwar melodisch eng zusammen, im Tonraum jedoch sind sie sieben/fünf Quinten voneinander entfernt. Da die verwandtschaftlichen Beziehungen fehlen, haben die Verbindungen *Rückungscharakter*. Der Begriff drückt das Fehlen funktionaler Beziehungen bildlich aus.
Der eigentliche Modulationsvorgang besteht aus Halbtonfortschreitungen in einer oder in mehreren Stimmen, wobei die übrigen Stimmen meist liegen bleiben. Aus den vielen Möglichkeiten der chromatischen Modulation seien hier einige der häufigsten herausgegriffen.
Die Modulation mit der chromatischen Sequenz ist zwar unter den Sequenzmodulationen aufgeführt, gehört aber gleichzeitig auch hierher.

3.1 Modulation durch chromatische Leittoneinführung

Von einem beliebigen Dreiklang aus wird ein Dominantseptakkord eingeführt, wobei eine Stimme chromatisch in die Terz oder die Septime geht. Beide Töne haben im D^7 Leittonfunktion. Ihre Einführung geschieht in Richtung ihrer Auflösungstendenz: Die Terz des D^7 wird mit einem Halbtonschritt aufwärts eingeführt, die Septime mit einem Halbtonschritt abwärts.

Modulationsschema

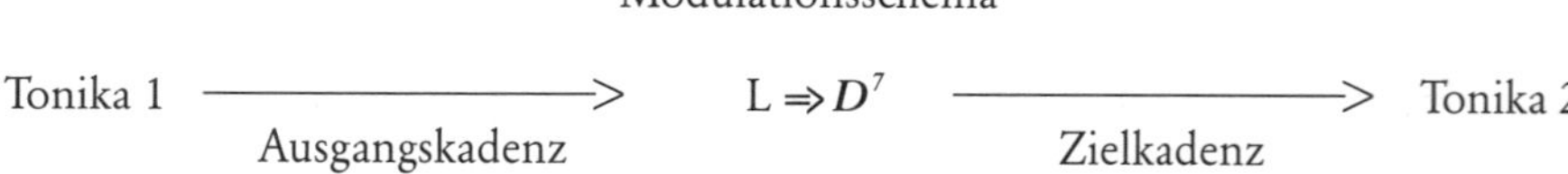

> Bei der *chromatischen Einführung der Terz des* D^7 geht eine Stimme einen chromatischen *Halbtonschritt aufwärts*, die anderen Stimmen nehmen den nächsten Weg.

Im Lied der Mignon „Heiß mich nicht reden“ von Schubert (D 877) hört sich das folgendermaßen an (T. 9–12):

Beispiel 48

Die Leittoneinführung besteht hier aus der Verbindung *d–dis* im 3. Takt. Zwischen **G** und **H**^{7} gibt es keine Funktionsbeziehung, daher hat diese Folge Rückungscharakter. (Innerhalb der Tonart G-dur wäre **H**^{7} Zwischendominante zur Tonikaparallele, und das Ganze wäre nur eine Ausweichung. Da aber anschließend e-moll mit einer verbindlichen Kadenz bestätigt wird, handelt es sich um eine Modulation.)

Aufgaben:

1. Spielen Sie den G-dur-Dreiklang in Grundstellung, rücken Sie nacheinander in jeder Stimme um einen Halbton aufwärts in die Terz eines D^7 und lösen Sie diesen auf. Wiederholen Sie dies von den beiden anderen Dreiklangslagen aus.
2. Beginnen Sie die Rückungen mit dem G-dur-Sextakkord.
3. Spielen Sie die Aufgaben 1 und 2 mit anderen Durdreiklängen, dann mit Molldreiklängen.

Der Modulationsablauf: Der Ton, von dem aus die Einführung der Terz erfolgt, liegt einen Halbton unterhalb des Leittons der Zieltonart, er bildet also deren kleine Septime. In der Ausgangskadenz wird daher ein Dreiklang angesteuert, der die kleine Septime der Zieltonart in irgendeiner Stimme enthält. Danach wird in den D^7 der Zieltonart gerückt und abkadenziert.

Beispiel 49: Modulation **D – E**

Leitton der Zieltonart ist *dis*, der Halbton darunter *d*. Dieser Ton ist in der Tonika, der Tonikaparallele und der Subdominante der Ausgangstonart enthalten, daher können diese drei Akkorde Ausgangspunkt der Rückung sein. Die Leittoneinführung über die Tonika ergibt eine tonzentrale Rückung (s. S. 55ff.) über dem Basston *fis* (Beispiel 49a). Mit der Subdominante mit Terz im Bass oder der Tonikaparallele landet man in der Grundstellung **H**^{7}, die trugschlüssig weitergeführt wird, um nicht zu früh zu schließen (Beispiel 49b).

Aufgabe: Spielen Sie folgende Modulationen am Klavier:
e – f Es – C B – a fis – As g – H B – f

> Bei der *chromatischen Einführung der Septime des* D^7 geht eine Stimme einen chromatischen *Halbtonschritt abwärts*, die anderen Stimmen nehmen den nächsten Weg.

Auf diese Weise moduliert Peter Cornelius in seinem Lied „Angedenken“ op. 3 Nr. 2 von Des-dur nach d-moll (T. 15–18). Die Leittoneinführung *as–g* findet hier in den Mittelstimmen statt:

Beispiel 50

Aufgaben:

1. Spielen Sie den D-dur-Dreiklang in Grundstellung, rücken Sie nacheinander in jeder Stimme um einen Halbton abwärts in die Septime eines D^7 und lösen Sie diesen auf. Wiederholen Sie dies von den beiden anderen Dreiklangslagen aus.
2. Beginnen Sie die Rückungen mit dem D-dur-Sextakkord.
3. Spielen Sie die Aufgaben 1 und 2 mit anderen Durdreiklängen, dann mit Molldreiklängen.

Der Modulationsablauf: Der Ton, von dem aus die Einführung der Septime erfolgt, liegt einen Halbton oberhalb der Dominant-Septime der Zieltonart, er bildet also deren Tritonus. In der Ausgangskadenz wird daher ein Dreiklang angesteuert, der den Tritonuston der Zieltonart in irgendeiner Stimme enthält. Danach wird in den D^7 der Zieltonart gerückt und abkadenziert.

Beispiel 51: Modulation **D – F**

Die Septime des Ziel-D^7 ist *b*, der Halbton darüber *h*. Dieses ist in der Tonikaparallele, der Subdominante und der Subdominantparallele der Ausgangstonart enthalten, also können diese drei Akkorde Ausgangspunkt der Rückung sein. Die Leittoneinführung über die Tonikaparallele oder die Subdominante mit Terz im Bass führt elegant über den Sekundakkord in die Zieltonart (Beispiel 51a), die Einführung über die Grundstellung der Subdominante oder die Subdominantparallele mit Terz im Bass ergibt eine tonzentrale Rückung (Beispiel 51b, siehe auch S. 55ff.).

Aufgabe: Spielen Sie folgende Modulationen am Klavier:
A – c   cis – Es   Es – h   E – D   b – G   H – e   D – As

Mit der chromatischen Leittoneinführung sind Modulationen über sämtliche Tonartabstände möglich. Wenn außer dem tonarteigenen D^7 auch Zwischen-D^7 als Rückungsziel einbezogen werden, ergeben sich vielfältige Modulationsmöglichkeiten.

Bei manchen Modulationen funktioniert die *Leittoneinführung aufwärts und abwärts gleichzeitig*, wie z. B. bei der Modulation von D-dur nach Des-dur:

Beispiel 52: Modulation **D – Des**

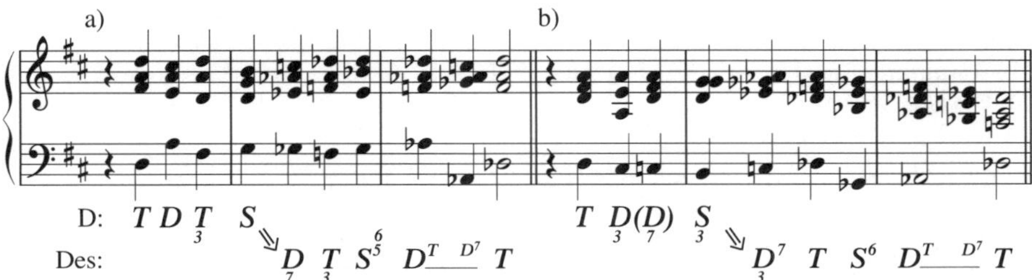

Die kleine Septime der Zieltonart ist *ces/h*, der Tritonus *g*. Beide sind in der Subdominante der Ausgangstonart enthalten, also erfolgt von dort aus die doppelte Leittoneinführung. Die Rückung in den Sekundakkord (Beispiel 51a) wirkt besonders zwingend und führt in eine überzeugende Zielkadenz.
Diese Modulation ist auch durch enharmonische Umdeutung des $(D^{\overset{v}{5>}})^S$ von D-dur (*fis–as–c–es*) in den **As**^{7} erklärbar (vgl. Beispiel 45).

Aufgaben:
1. Modulieren Sie von F-dur aus zu allen anderen Tonarten.
2. Zu welchen Tonarten kann man von A-dur und B-dur aus mit doppelter Leittoneinführung modulieren? Spielen Sie diese Modulationen.

3.2 Modulation durch Rückung $D^v \Rightarrow D^7$

Die Modulation erfolgt durch chromatische Rückung des D^v oder eines Zwischen-D^v der Ausgangstonart in den D^7 der Zieltonart.

Modulationsschema

Tonika 1 ——————> $D^v \Rightarrow D^7$ ——————> Tonika 2
Ausgangskadenz   Zielkadenz

Wenn drei beliebige Töne eines D^v um einen Halbton hinaufrücken, entsteht ein Dominantseptakkord, hier zu sehen an dem D^v der Tonart B-dur:

Beispiel 53

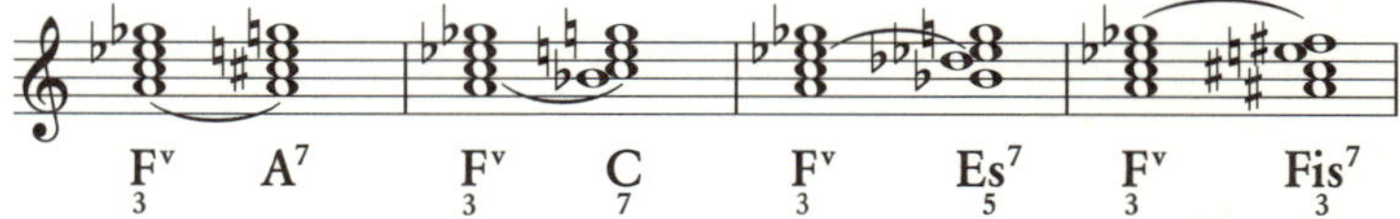

Durch Rückung dieses D^v können die Tonarten **D**, **F**, **As** und **H** erreicht werden.

Aufgaben:

1. Spielen Sie die Rückungen, zunächst wie notiert in einer Hand und dann in Generalbass-Griffweise. Wechseln Sie dabei die Lage der Oberstimmen: Für jede der vier hier notierten Rückungen gibt es drei verschiedene Lagen, so dass zwölf unterschiedliche Wendungen entstehen.
2. Führen Sie die Rückungen, wie unter 1. beschrieben, auch mit den beiden D^v-Akkorden auf *ais* und *h* durch.

Schubert moduliert in seinem Lied „Der Zwerg" (D 771) auf diese Weise von b-moll nach A-dur (T. 79–86):

Beispiel 54

Der Modulationsablauf: Die Ausgangskadenz endet mit einem D^v (direkter D^v oder Zwischen-D^v), der den Dominantgrundton der Zieltonart enthält. Dieser Ton behält seine Position bei, während die drei anderen Töne um einen Halbton hinaufrücken. Der so entstandene Dominantseptakkord wird in die Zielkadenz geführt.

Beispiel 55: Modulation **d – E**

Dominant-Grundton in E-dur ist *h*, dieses ist im DD^v von d-moll als Quinte enthalten.

Die Ausgangskadenz: Da im D^v, im DD^v und im Zwischen-D^v der Subdominante einer Tonart alle zwölf enharmonischen Töne enthalten sind, finden sich unter ihnen auch die Dominantgrundtöne sämtlicher Tonarten. Daher reichen drei Ausgangskadenzen aus, um alle Tonarten zu erreichen. Tonika (Beispiel 56a), Dominante (Beispiel 56b) oder Subdominante (Beispiel 56c) werden zunächst ankadenziert, worauf sich jeweils der betreffende D^v anschließt:

Beispiel 56

Aufgaben:

1. Spielen Sie die drei Ausgangskadenzen in Oktav-, Terz- und Quintlage in allen Tonarten am Klavier.
2. Erfinden Sie eigene Ausgangskadenzen, bei denen der D^v einen anderen Basston hat. Achten Sie darauf, dass der D^v-Basston stufenweise eingeführt wird und auf leichter Taktzeit steht.

Beispiel 57: Modulation **d – h**

Der Dominant-Grundton der Zieltonart ist im $(D^v)^S$ der Ausgangstonart enthalten (*fis–a–c–es*), also ist der $(D^v)^S$ Ausgangspunkt der Rückung. Daher wird die Subdominante g-moll angesteuert, worauf ihr Zwischen-D^v folgt. Danach wird die Rückung durchgeführt und in h-moll kadenziert.

Beispiel 58: Modulation **D** – **Es**

Der Dominant-Grundton *b* der Zieltonart ist im D^v von D-dur enthalten, also zielt auf diesen die Ausgangskadenz. Nach der Rückung wird in Es-dur kadenziert.

Aufgabe: Spielen Sie folgende Modulationen am Klavier:
Es – h   b – A   D – f   Des – fis   F – c   e – Des   C – E   As – D   G – A

3.3 Modulation durch Rückung $D^7 \Rightarrow D^7$

Die Modulation erfolgt durch chromatische Rückung des D^7 oder eines Zwischen-D^7 der Ausgangstonart in den Dominantseptakkord der Zieltonart.

Modulationsschema

Tonika 1	——————>	$D^7 \Rightarrow D^7$	——————>	Tonika 2
	Ausgangskadenz		Zielkadenz	

Wenn zwei Töne eines D^7 um einen Halbton gerückt werden, entsteht ein anderer D^7, dessen Grundton eine kleine Terz tiefer (Beispiel 59a), eine kleine Terz höher (Beispiel 59b) oder einen Tritonus entfernt liegt (Beispiel 59c):

Beispiel 59

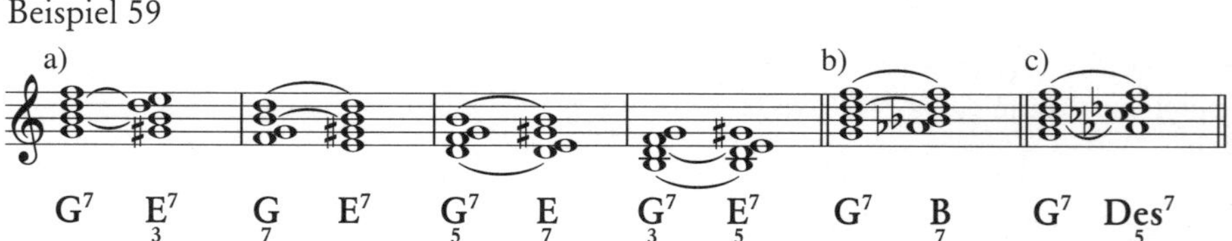

Bei dieser Rückung bleiben zwei Töne liegen: Terz und Quinte (Beispiel 59a), Quinte und Septime (Beispiel 59b) oder Terz und Septime (Beispiel 59c). Die jeweils anderen beiden Töne bewegen sich gegeneinander, der Grundton des ersten D^7 geht immer aufwärts.

Aufgaben:

1. Spielen Sie jede Rückung zunächst in der rechten Hand allein, wie hier notiert. Verwenden Sie dabei alle vier Stellungen, so dass 12 verschiedene Wendungen entstehen.
2. Spielen Sie die Rückungen in Generalbass-Griffweise. Wechseln Sie dabei auch die Lage der Oberstimmen: Für jede der zwölf Rückungen gibt es dann drei verschiedene Lagen, so dass 36 unterschiedliche Wendungen entstehen.
3. Führen Sie die Rückungen, wie unter 1. und 2. beschrieben, auch mit den Dominantseptakkorden der Tonarten G-dur und Es-dur durch, in allen Stellungen und in allen Lagen.

Peter Cornelius moduliert in seinem Lied „Dein Bildnis“ op. 15 Nr. 4 von Fis-dur nach G-dur, indem er aus dem $\not{D}^7$ von Fis-dur in den D^7 von G-dur rückt:

Beispiel 60

Vgl. hierzu auch Beethoven, 7. Sinfonie, 3. Satz, Übergang vom Trio zum Scherzo, Rückung $\mathbf{A}^7 \Rightarrow \mathbf{C}^7$.

Der Modulationsablauf: Die Ausgangskadenz endet auf einem (Zwischen-)D^7 in beliebiger Stellung. Dieser wird in den D^7 der Zieltonart gerückt, worauf sich die Zielkadenz anschließt.

> Sofern der Ausgangsakkord der Rückung der *einfache* D^7 ist, kann mit Hilfe der drei Rückungen $\mathbf{G}^7 \Rightarrow \mathbf{E}^7$, $\mathbf{G}^7 \Rightarrow \mathbf{B}^7$ und $\mathbf{G}^7 \Rightarrow \mathbf{Des}^7$ von **C** aus nach **A**, **Es** und **Ges/Fis** moduliert werden, also zu den *Tonarten im Kleinterz- und Tritonusabstand.*

Die Ausgangskadenz: Die Gestaltung der Modulationen mit unterschiedlichen Basstönen des Ausgangs-D^7 ist sehr reizvoll, weil die Rückung jedesmal einen anderen Klangcharakter erhält. Die sich daraus ergebende Basswendung führt immer wieder anders in die Zielkadenz. In der Modulation **C – A** wird jeder der vier Basstöne des D^7 einmal verwendet:

Beispiel 61: Modulation **C – A**

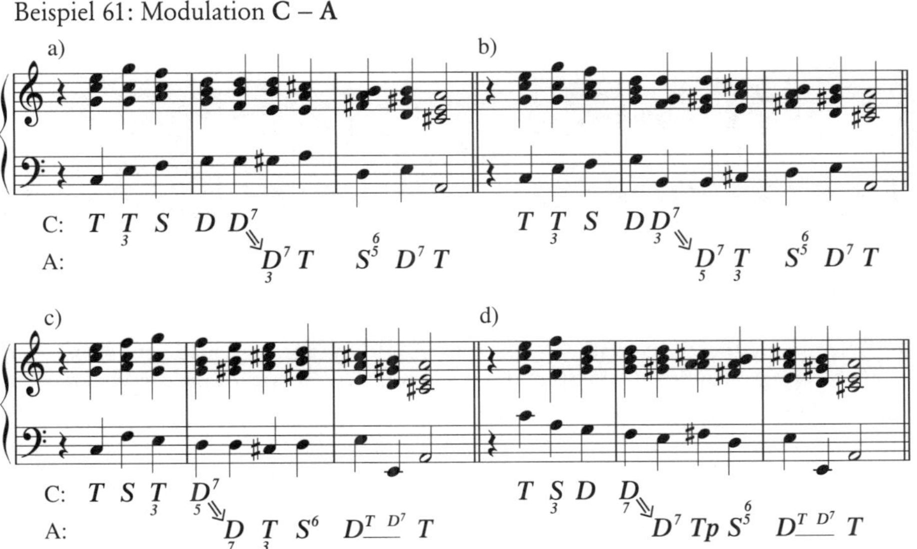

Aufgabe: Spielen Sie folgende Modulationen, nachdem Sie sich die Rückungen in Tonbuchstaben notiert haben: **B – G Es – fis H – f A – c e – B As – F**
Probieren Sie dabei in der Ausgangskadenz alle Basston-Möglichkeiten des D^7 aus und entscheiden Sie, welche Ihnen für die jeweilige Modulation am besten gefällt.

Um auch *über andere Tonartabstände* zu modulieren, werden der $\not{D}^7$ und der $(D^v)^S$ der Ausgangstonart einbezogen. Folgende weitere Tonarten lassen sich dann z. B. von C-dur aus erreichen:
- **E, B** und **Des** über **D**^{7} als $\not{D}^7$
- **D, As** und **H** über **C**^{7} als (D^7) zu S

Mit Hilfe von D^7, $\not{D}^7$ und $(D^v)^S$ lassen sich also alle Modulationen durchführen bis auf den einfachen Quintabstand (**F** und **G**).

> Über den $\not{D}^7$ können die Tonarten im Kleinterz- und Tritonusabstand zur Dominante erreicht werden und über den $(D^7)^s$ die Tonarten im Kleinterz- und Tritonusabstand zur Subdominante.

Aufgabe: Bestimmen Sie für folgende Modulationen die Rückungen und spielen Sie diese in allen Lagen und Stellungen: **G – A E – F D – B As – C F – Es B – A**

Ausgangskadenzen zu allen Stellungen des D^7 sind Beispiel 61 zu entnehmen. Die für $\not{D}^7$ und $(D^7)^s$ können so aussehen wie die für $\not{D}^v$ und $(D^v)^S$ in den Beispielen 56b und 56c.

Aufgaben:
1. Spielen Sie die Ausgangskadenzen aus Beispiel 61 in Oktav-, Terz- und Quintlage in allen Tonarten am Klavier.
2. Schreiben Sie sich die Funktionsbezeichnungen der Ausgangskadenzen in den Beispielen 56b und 56c ab, ersetzen Sie den D^v am Ende jeweils durch einen D^7 und spielen Sie die Kadenzen in allen Lagen in verschiedenen Tonarten.
3. Erfinden Sie eigene Ausgangskadenzen für $\not{D}^7$ und $(D^7)^S$ mit unterschiedlichen Basstönen.

Beispiel 62: Modulation **A – G**

Da die Dominante der Ausgangstonart (**E**) zum Grundton der Zieltonart eine kleine Terz bildet, ist der $\not{D}^7$ von A-dur Ausgangspunkt der Rückung. Als Basston wurde einmal die Terz (Beispiel 62a) und einmal die Quinte gewählt (Beispiel 62b).

Beispiel 63: Modulation **B – A**

Der Ausgangs-D^7 für die Rückung ist der $(D^7)^S$, denn **A** bildet zur Subdominante von B-dur einen Tritonus. Basston des Ausgangs-D^7 ist hier einmal die Terz (Beispiel 63a) und einmal der Grundton (Beispiel 63b).

Aufgaben:

1. Spielen Sie die Modulationen **A – G** und **B – A** nach den Funktionsbezeichnungen. Beginnen Sie dabei in allen drei Lagen.
2. Spielen Sie diese Modulationen auch mit den anderen Stellungen des Ausgangs-D^7.
3. Erstellen Sie Pläne in Funktionsbezeichnungen für die sechs Modulationen aus der letzten Aufgabe: **G – A E – F D – B As – C F – Es B – A**
   Verwenden Sie dabei den Rückungs-D^7 in möglichst vielen Stellungen.
4. Spielen Sie einige Modulationen zunächst nach den Funktionsbezeichnungen. Versuchen Sie dann, ohne schriftliche Hilfen auszukommen.

3.4 Modulation durch tonzentrale Rückung

Auf einem liegenden Basston wird aus einem beliebigen Dur- oder Molldreiklang in einen übermäßigen Dreiklang, einen D^v oder einen alterierten D^v gerückt. Auf Grund seiner exponierten Lage zieht der Basston die Aufmerksamkeit auf sich und bildet den Ruhepol, auf dem die anderen Stimmen die Rückung durchführen. Eine Rückung auf liegendem bzw. wiederholtem Basston wird daher auch als tonzentral bezeichnet.

Modulationsschema

Tonika 1 ——————> x ⇒ ü.Dr./D^v_3/$D^v_{5>}$ ——————> Tonika 2

Ausgangskadenz Zielkadenz

3.4.1 Tonzentrale Rückung in den übermäßigen Dreiklang

Der übermäßige Dreiklang als $D^{5<}$ in Dur: Der übermäßige Dreiklang wird als Dominante mit hochalterierter Quinte in die Durtonika aufgelöst. Dabei bewegen sich Terz und hochalterierte Quinte leittönig aufwärts, werden also nicht verdoppelt, damit keine Oktav- bzw. Primparallelen entstehen. Nur der Grundton kann verdoppelt werden. Dies geschieht am besten im Einklang, so dass der übermäßige Dreiklang, zumindest am Klavier, „dreistimmig" erscheint (vgl. Beispiel 66). Eine falsche Verdopplung wird dadurch vermieden.

Jeder übermäßige Dreiklang kann sich in drei verschiedene Durtonarten auflösen, je nachdem, welcher seiner Töne als Dominantgrundton aufgefasst wird (Beispiel 64a).

Der übermäßige Dreiklang als D^6 in Moll: Der übermäßige Dreiklang wird als Dominante mit kleiner Sexte in die Molltonika aufgelöst. Dabei bewegt sich die Terz leittönig aufwärts, und Grundton und Sexte bleiben liegen. Auch hier empfiehlt es sich, zur Vermeidung von Parallelen den Grundton im Einklang zu verdoppeln, wie in Beispiel 67 dargestellt.
Jeder übermäßige Dreiklang kann sich in drei verschiedene Molltonarten auflösen, je nachdem, welcher seiner Töne als Dominantgrundton aufgefasst wird (Beispiel 64b).

Beispiel 64

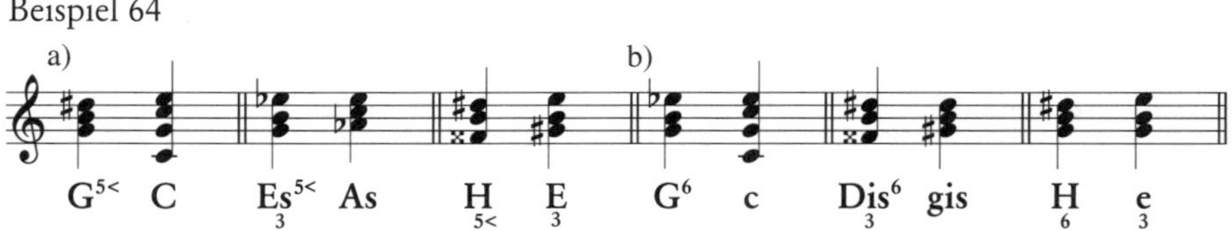

Die dritte Form in Beispiel 64b kann auch als Leittonvorhalt im Molltonika-Sextakkord aufgefasst werden.

Aufgaben:
1. Spielen Sie auf einem beliebigen Basston einen Dur- oder Molldreiklang in Grundstellung und rücken Sie die Oberstimmen in einen übermäßigen Dreiklang. Lösen Sie diesen in drei verschiedene Durtonarten auf. Um Oktavparallelen zu vermeiden, spielen Sie den übermäßigen Dreiklang „dreistimmig" (s. o.).
2. Wiederholen Sie das Ganze von den beiden anderen Dreiklangslagen aus.
3. Spielen Sie die gleichen Rückungen von Sextakkorden aus, wiederum in allen drei Lagen.
4. Spielen Sie die Aufgaben 1–3, indem Sie den übermäßigen Dreiklang in Molltonarten auflösen.

Die Modulation erfolgt durch tonzentrale Rückung eines beliebigen Dreiklangs der Ausgangstonart in den übermäßigen Dreiklang der Zieltonart.
Ein Beispiel dafür finden wir bei Schubert in dem Lied „Wer nie sein Brot mit Tränen aß" (D 478). Der ruhende Basston ist hier das *a*. Darüber entsteht durch den Schritt *e–f* ein übermäßiger Dreiklang, der als D^6 in b-moll weitergeführt wird (T. 42–45):

Beispiel 65

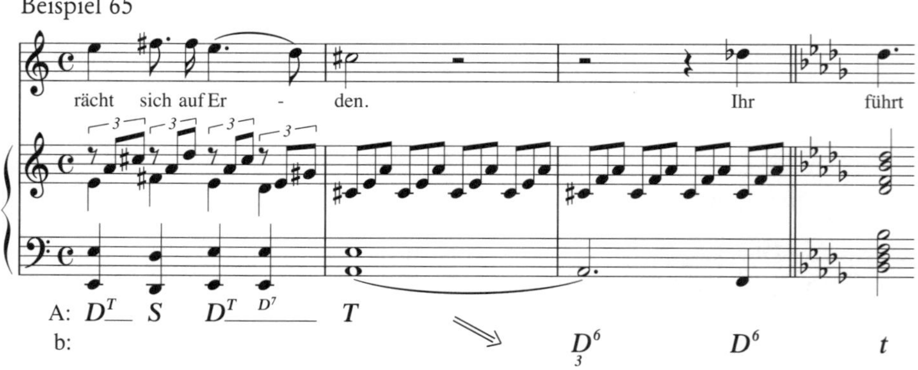

Der Modulationsablauf: Man bestimmt den übermäßigen Dreiklang auf der 5. Stufe der Zieltonart und steuert in der Ausgangskadenz einen seiner Töne als Basston an. Dieser kann hier Grundton oder Terz eines tonarteigenen Dur- oder Molldreiklangs sein. Über dem erreichten Basston rücken die Oberstimmen in den übermäßigen Dreiklang, welcher anschließend als $D^{5<}$ in die Dur- oder als D^6 in die Moll-Kadenz geführt wird.

Beispiel 66: Modulation **D** – **As**

Der übermäßige Dreiklang in As-dur hat die Töne *es*, *g* und *h*. *G* ist Grundton der Subdominante von **D**, und *h* ist deren Terz bzw. Grundton der Tonikaparallele. Beide kommen daher als Ziel-Basston in der Ausgangskadenz in Frage. Die Beispiele zeigen eine Rückung von der Subdominante in Grundstellung (Beispiel 66a) und vom Sextakkord aus (Beispiel 66b).

Beispiel 67: Modulation **Es** – **h**

Der übermäßige Dreiklang in *h* hat die Töne *fis*, *ais* und *d*. *Ais*, enharmonisch verwechselt zu *b*, ist Grundton der Dominante von **Es**, und *d* ist deren Terz. Die Beispiele 67a und 67b zeigen eine Rückung von der Dominante in Grundstellung und vom Sextakkord aus.

Die Zielkadenz: Um nicht schon zu Beginn der Zielkadenz den Schluss mit Quintfall im Bass bringen zu müssen, empfiehlt es sich, den übermäßigen Dreiklang in einer Umkehrung zu verwenden. Als Basstöne kommen dann die Terz oder die hochalterierte Quinte bzw. die kleine Sexte in Frage. Es ergeben sich für Dur und Moll je zwei Zielkadenzen, die den Beispielen 66 und 67 zu entnehmen sind.

Aufgaben:

1. Spielen Sie einen beliebigen Dur- oder Molldreiklang mit Grundton oder Terz im Bass, rücken Sie von dort in einen übermäßigen Dreiklang und führen Sie diesen nacheinander in die vier Zielkadenzen der Beispiele 66 und 67 weiter. Wenn Sie immer mit demselben Basston beginnen, entstehen zwei verschiedene Tonarten und ihre Varianten.
2. Wiederholen Sie dies von den anderen beiden Dreiklangslagen aus.
3. Beginnen Sie die Rückungen von anderen Dreiklängen aus.
4. Spielen Sie folgende Modulationen am Klavier:

H – **G** **cis** – **b** **a** – **D** **As** – **Ges** **As** – **C** **G** – **Des** **E** – **F**

3.4.2 Tonzentrale Rückung in den DD^v und den alterierten DD^v

Die Modulation erfolgt durch tonzentrale Rückung eines beliebigen Dreiklangs der Ausgangstonart in den DD^v oder den alterierten DD^v der Zieltonart.

Der 3. Satz aus der Sonate op. 26 von Beethoven enthält folgende Stelle (T. 15–21). Auf dem Grundton der Tonart D-dur rückt Beethoven in den DD^v von *As*-Dur, um zurück in die Ausgangstonart des Satzes zu modulieren:

Beispiel 68

D: S^6 D^v D T ⟹ DD^v_3
As:

As: D DD^v_3 D DD^v_3 D t

Aufgaben:

1. Spielen Sie auf einem beliebigen Basston einen Dur- oder Molldreiklang in Grundstellung und rücken Sie mit den Oberstimmen in einen D^v. Nehmen Sie dabei die kleinstmöglichen Schritte und lassen Sie die gemeinsamen Töne liegen.
2. Wiederholen Sie dies von den beiden anderen Dreiklangslagen aus.
3. Spielen Sie die gleichen Rückungen von beliebigen Dur- und Moll-Sextakkorden aus, wiederum in allen Lagen.
4. Beginnen Sie wieder wie in Aufgabe 1 und rücken Sie nun die Oberstimmen in einen alterierten DD^v. Da dieser klanglich identisch mit einem D^7 in Grundstellung ist, können Sie sich einfach vorstellen, dass Sie in einen D^7 rücken. Führen Sie so auch die Schritte 2 und 3 aus.

Der Modulationsablauf: Die Terz oder die tiefalterierte Quinte des DD^v der Zieltonart wird in der Ausgangskadenz als Basston angesteuert. Dieser kann dort Grundton oder Terz eines tonarteigenen Dur- oder Molldreiklangs sein. Über dem erreichten Basston rücken die Oberstimmen in den DD^v oder alterierten DD^v der Zieltonart, welcher anschließend in den Quartsextvorhalt der Ziel-Dominante geführt wird. Der Bass geht aus dem DD^v leittönig aufwärts, aus dem alterierten DD^v leittönig abwärts.

Beispiel 69: Modulation **B – H**

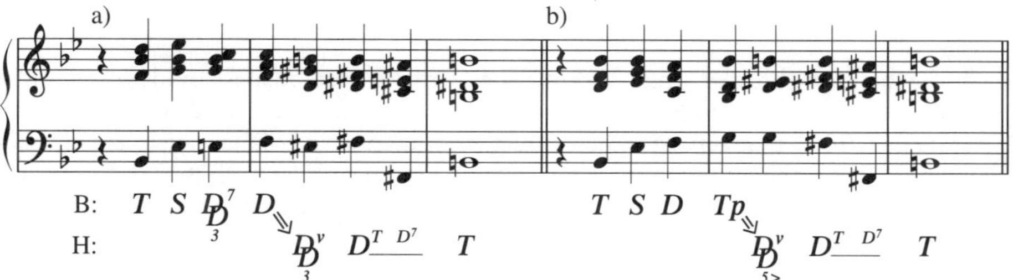

Die Terz des DD^{v} in H-dur ist *eis*. Dieses kann in B-dur, enharmonisch verwechselt, als Dominantgrundton angesteuert werden, worauf sich die Rückung anschließt (Beispiel 69a).
Auch die tiefalterierte Quinte des DD^{v} kann verwendet werden, in H-dur ist dies *g*. Es kann als Terz der Subdominante oder als Grundton der Tonikaparallele, wie in Beispiel 69b, verwendet werden.
Die Modulation in Beispiel 69b ist auch durch enharmonische Umdeutung von $\mathbf{G}^{7}$ in den alterierten DD^{v} von H-dur erklärbar (genaue Beschreibung auf S. 42, Beispiel 43).
Mit dieser Modulationsart gelangt man in fast alle Tonarten. Bei einigen Abständen gelingen beide Rückungen, sowohl die auf der Terz als auch die auf der tiefalterierten Quinte des DD^{v}.

Aufgaben:

1. Bestimmen Sie die Tonartabstände, für die sich diese Modulationsart eignet, und spielen Sie die Modulationen von C-dur aus.
2. Bei welchen Modulationen lassen sich beide Rückungen durchführen?
3. Spielen Sie folgende Modulationen am Klavier:
   E – f A – Es H – g F – As g – E b – A fis – Des E – d
   Verwenden Sie dabei möglichst sowohl die Terz als auch die tiefalterierte Quinte des Ziel-DD^{v} als Basis für die Rückung.

4. Modulation durch Sequenz

Ähnlich wie bei der chromatischen Modulation wird bei der Sequenzmodulation nicht umgedeutet, sondern ein melodischer Vorgang – eben die Sequenz – wird in Gang gesetzt und der neuen Tonart angepasst. Die Sequenzmodulation ist daher auch einstimmig denkbar, wie z. B. Beethoven in der Klaviersonate op. 79 zeigt (1. Satz, T. 48–52). Dort wird, ausgehend von der Tonart D-dur, ein einfacher Terzfall dreimal sequenziert, wobei die Vorzeichen der neuen Tonart E-dur eingeführt werden.

Reale und tonale Sequenz: In der *tonalen Sequenz* wird ausschließlich leitereigenes Tonmaterial verwendet. Die Intervallschrittgrößen passen sich dabei der Tonart an, so dass ein bestimmtes Intervall, je nach Position in der Skala, in unterschiedlichen Größen (klein/groß, rein/übermäßig) auftreten kann.
In der *realen Sequenz* dagegen werden die Intervalle exakt beibehalten, sie ist damit tonartunabhängig. Mit Hilfe einer realen Sequenz kann daher die Tonart sehr schnell verlassen werden.
Die *tonale Sequenz* widersteht eigentlich allen Modulationstendenzen. Werden jedoch die Schritte innerhalb der tonalen Sequenz gezielt einer anderen Tonart angepasst, indem nach und nach neues Tonmaterial eingeführt wird, so ergibt sich eine tonale Sequenz, welche moduliert.
Die tonale Sequenz, ob modulierend oder nicht modulierend, ist besonders typisch für die Musik des Spätbarock. Aber auch die Musik der Klassik und Romantik ist reich an Sequenzen, wie etwa die Wanderer-Fantasie von Schubert zeigt (T. 11–13, vgl. Beispiel 75).
So wie hier mit einer Quintfallsequenz, wird auf dem Sequenzwege gewöhnlich nur zu sehr eng verwandten Tonarten moduliert. Meist unterscheiden sich diese durch nicht mehr als ein Vorzeichen von der Ausgangstonart. Für unsere Modulationsübungen sollen jedoch auch weitere Tonartabstände herangezogen werden.

Die Quintfallsequenz: Das am häufigsten in der Literatur anzutreffende Sequenzmodell ist der Quintfall. Als Grundbaustein der Kadenzharmonik bietet er sich zur Gestaltung harmonischer Sequenzen geradezu an und soll deshalb auch als Modell für unsere Übungen dienen.
Die melodische Bewegung der Bassstimme besteht aus einem Quintsprung abwärts (Beispiel 70a, 1) oder einem Quartsprung aufwärts (Beispiel 70a, 2), die jeweils eine Stufe tiefer sequenziert werden.
Bei ausschließlicher Verwendung reiner Quinten erhält man eine reale Quintfallsequenz, welche sehr schnell in die äußersten Tiefen des Tonraums führt (Beispiel 70a). In der tonalen Sequenz wird dies durch die tonleitereigene verminderte Quinte bzw. übermäßige Quarte verhindert (Beispiel 70b):

Beispiel 70

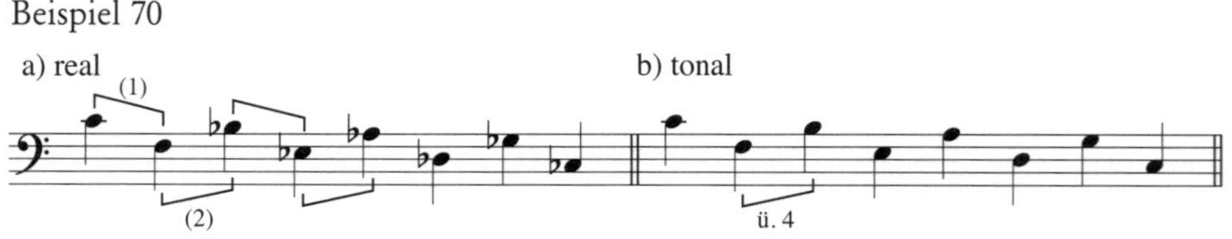

Wenn in die tonale Sequenz ein Vorzeichen eingesetzt wird, rutscht das verminderte bzw. übermäßige Intervall an eine andere Stelle, und es entsteht eine andere Tonart:

Beispiel 71

Der Sequenzbass bildet das Fundament für die darüber liegenden Harmonien, die aus Dreiklängen (Beispiel 72a), Septakkorden (Beispiel 72b) oder beidem im Wechsel bestehen können:

Beispiel 72

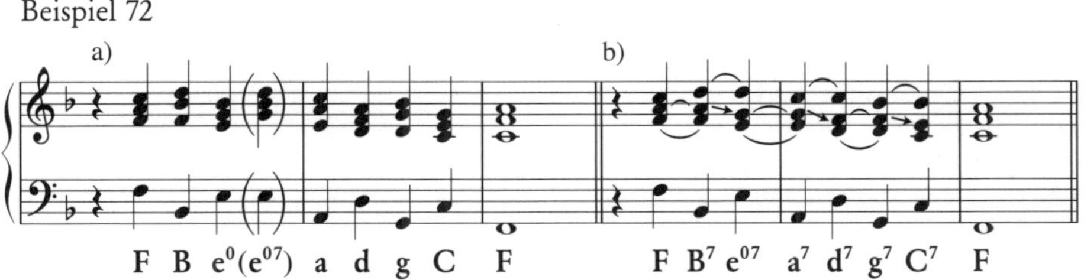

Anmerkung zur Schreibweise: Der verminderte Dreiklang wird hier mit einer hochgestellten Null bezeichnet; wenn die kleine Septime dabei ist, mit „^{07}“.

Beim Vergleich der beiden Sequenzen fällt die sprunghafte Stimmführung der Oberstimmen in Beispiel 72a gegenüber der glatteren Stimmführung in Beispiel 72b auf. Die ausschließliche Verwendung von Dreiklängen führt aber nicht nur zu Sprüngen, sondern außerdem zu einem klanglich ungünstigen verminderten Dreiklang auf der VII. Stufe (in Moll auf der II.). Durch Hinzufügung der (vorbereiteten!) leitereigenen Septime werden Klang und Stimmführung verbessert (Beispiel 72a, Klammer).

Von den Regeln der Kadenzharmonik aus betrachtet, ist dieser verminderte Dreiklang in mehrfacher Hinsicht „falsch“: Als verkürzter Dominantseptakkord müsste er sich in die Tonika F-dur auflösen. Außerdem dürfte er nur mit der Quinte im Bass (hier *g*, von der Dominante C-dur aus gerechnet) auftreten. Ferner ist der Leitton verdoppelt und wird im Bass sogar im Sprung verlassen.

Dass das Ohr all diese Regelverstöße toleriert, liegt an der Mechanik der Sequenz: Einmal in Gang gesetzt, behandelt sie alle Akkorde gleich, alle Basstöne klingen wie Grundtöne, auch der Leitton. Die in der Stufentheorie übliche Durchnummerierung der leitereigenen Akkorde mit neutralen römischen Ziffern ist daher in der *Sequenz* angemessener als die Funktionsbezeichnungen, welche die Spannungsverhältnisse innerhalb der *Kadenz* zum Ausdruck bringen. So ist dieser Akkord ein Beispiel für das Zurücktreten des harmonisch-funktionalen Moments der Kadenz hinter das melodische Moment der Sequenz.

Nur in der Quintfallsequenz besteht die Möglichkeit, jeden Akkord mit einer Septime auszustatten, was ihr einen zusätzlichen klanglichen Reiz verleiht. Dabei ist darauf zu achten, dass die Septime wie eine Vorhaltsdissonanz behandelt wird, d. h. aus dem vorangehenden Akkord heraus in derselben Stimme liegenbleibt (im Beispiel 72b durch Haltebögen gekennzeichnet). Beim Übergang in den Folgeakkord löst sie sich dann stufenweise abwärts auf. Dies hat zur Folge, dass jeder zweite Akkord unvollständig, d. h. quintlos ist.

Bei Verwendung von Akkordumkehrungen ergibt sich eine andere Gestalt der Bassstimme. *Melodisch* betrachtet, sind die Beispiele 73a, 73b und 73c Terz- und Sekundfallsequenzen. Da aber der Quintfall der Akkordgrundtöne erhalten bleibt, handelt es sich in allen drei Fällen um eine *harmonische* Quintfallsequenz.

Beispiel 73

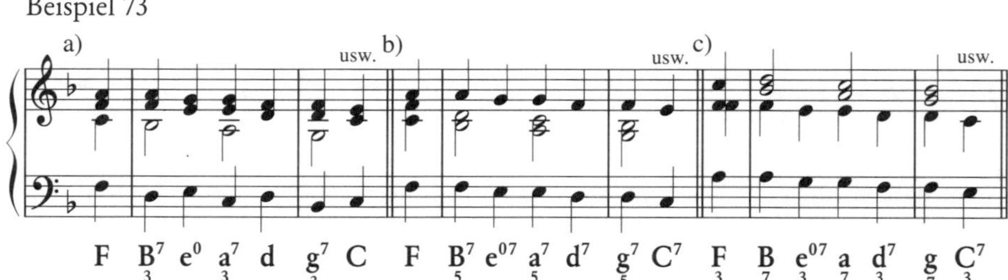

Aufgaben:

1. Spielen Sie die tonale Quintfallsequenz am Klavier in verschiedenen Tonarten, beginnend in Oktav-, Quint- und Terzlage,
   a) mit leitereigenen Dreiklängen,
   b) mit leitereigenen Dreiklängen und Septakkorden im Wechsel,
   c) nur mit leitereigenen Septakkorden.
2. Setzen Sie die Sequenzen der Aufgabe 1 vierstimmig aus.
3. Probieren Sie die Sequenzen auch mit Umkehrungen:
   a) mit Dreiklängen: Grundstellung und Sextakkord im Wechsel,
   b) mit Septakkorden: Grundstellung und Terzquartakkord im Wechsel (vgl. Beispiel 73b),
   c) mit Septakkorden: Quintsextakkord und Sekundakkord im Wechsel (vgl. Beispiel 73c),
   d) mit beidem: Grundstellung und Quintsextakkord im Wechsel (vgl. Beispiel 73a),
   e) mit beidem: Grundstellung und Terzquartakkord im Wechsel,
   f) mit beidem: Sextakkord und Sekundakkord im Wechsel.

In *Moll* verwendet die Sequenz das Tonmaterial der natürlichen (= leittonlosen) Molltonleiter. Der Leitton tritt erst dann auf, wenn kadenziert werden soll.
Das Passacaglia-Thema aus der Suite g-moll von Händel (HWV 432) beruht auf einer Quintfallsequenz in Moll. Es handelt sich um eine Überlagerung einer melodischen mit einer harmonischen Sequenz: Lässt man sich allein von der Melodik der Bassstimme leiten, so kommt man zu dem Ergebnis, dass hier ein zweitaktiges Modell vorliegt, welches eine Terz tiefer sequenziert wird. Wenn man aber genauer hinschaut und die Harmonik analysiert, erkennt man das eintaktige Quintfallmodell, welches eine Sekunde tiefer sequenziert wird:

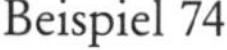
Beispiel 74

Aufgabe: Spielen Sie die Quintfallsequenz (mit Schlusskadenz) in verschiedenen Molltonarten in allen Lagen
a) mit Dreiklängen,
b) mit Dreiklängen und Septakkorden im Wechsel,
c) nur mit Septakkorden.

4.1 Modulation mit der tonalen Sequenz

Modulationsschema

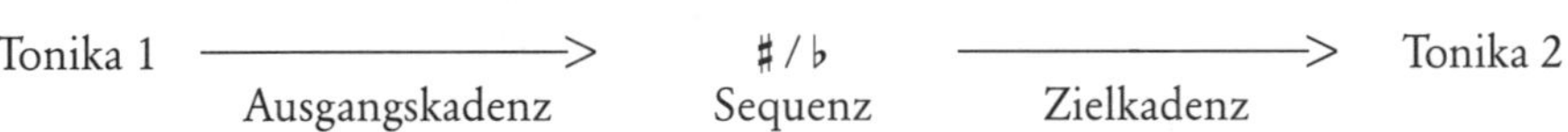

In der Wanderer-Fantasie (D 760), T. 11–13, moduliert Schubert mit Hilfe einer tonalen Quintfallsequenz von C-dur nach a-moll. Die Sequenz beginnt in C-dur auf der II. Stufe und endet eindeutig in a-moll, sobald der Ton *gis* erklingt:

Beispiel 75

Die Ausgangskadenz: Da die Sequenz von jeder Stufe aus beginnen kann, eignet sich jede Ausgangskadenz für den Modulationsbeginn. Am einfachsten ist es jedoch, gleich mit der Sequenz zu beginnen. Diese erfüllt die Aufgabe, die Tonart mit allen leitereigenen Tönen vorzustellen, ebensogut wie eine Ausgangskadenz.
In *Moll* ist dies allerdings nicht der Fall, denn die Sequenz enthält nicht den Leitton (vgl. Beispiel 74). Da dieser aber zur Darstellung der Tonart notwendig ist, empfiehlt es sich, ihn vor Beginn der Sequenz zu Gehör zu bringen, indem kurz in die Durdominante gewechselt wird: ***t*** $\underset{3}{D}$ ***t*** (vgl. Beispiel 76b).

Die Zielkadenz: Sie kann entweder aus dem Ende der Sequenz bestehen (sie ist dann eine einfache II–V–I-Kadenz, wie in Beispiel 76) oder auch ausführlicher gestaltet werden, wie in Beispiel 77.

Um in eine *Tonart mit einem Vorzeichen mehr bzw. weniger* zu modulieren, wird innerhalb der Sequenz dieses Vorzeichen neu eingeführt bzw. beseitigt. In der Modulation von D-dur nach A-dur wird daher der Ton *g* durch ein *gis* ersetzt, in der Modulation von h-moll nach G-dur das *cis* durch ein *c*. Vor der Alteration des betreffenden Tons muss dieser aber zunächst einmal in seiner ursprünglichen Form erklingen, denn sonst wäre man von vornherein in der neuen Tonart und brauchte nicht mehr zu modulieren.

Beispiel 76a: Modulation **D – A**

Beispiel 76b: Modulation **h – G**

Die Stufenbezeichnungen zeigen, dass es auch möglich ist, in der Sequenz eine diatonische Umdeutung vorzunehmen. Der Akkord vor der Einführung des neuen Tons ist dann jeweils der Umdeutungsakkord.

Aufgabe: Spielen Sie die Quintfallsequenz in verschiedenen Tonarten am Klavier und nehmen Sie nach einigen Schritten jeweils ein Kreuz oder ♭ hinzu bzw. beseitigen Sie ein Kreuz oder ♭

a) mit Dreiklängen,
b) mit Dreiklängen und Septakkorden im Wechsel,
c) nur mit Septakkorden.

Beispiel 77: Modulation **B – d**

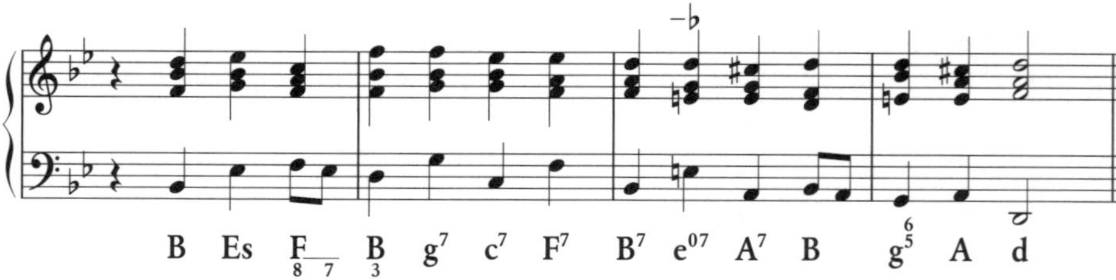

Hier muss der Ton *es* durch ein *e* ersetzt werden. Sobald der Leitton erklingt, setzt die Kadenz ein, die hier durch einen Trugschluss erweitert ist. Auch die Ausgangskadenz ist ausführlicher gestaltet.

Vgl. auch J. S. Bach, Brandenburgisches Konzert Nr. 1, 1. Satz, T. 24–27, Modulation von B-dur nach d-moll

Aufgabe: Spielen Sie folgende Modulationen:

E – A Es – B fis – D d – F h – A B – d c – g G – a e – a D – h

Beim Modulieren in eine weiter entfernte Tonart müssen mehrere Töne ausgetauscht werden, indem neue Vorzeichen hinzutreten bzw. alte verschwinden. Dies muss in der richtigen Reihenfolge geschehen, wie sie durch den Quintenzirkel vorgegeben ist:
Beim *Abwärtsgehen im Tonraum* (zum Tonraum s. S. 9f.) wird zunächst das „höchste" Kreuzvorzeichen beseitigt (dies ist in Dur der 7. und in Moll der 2. Skalenton), dann das eine Quinte tiefere usw. Befindet man sich in einer ♭-Tonart, so fügt man das laut Quintenzirkel nächst folgende ♭ als erstes hinzu, dann das eine Quinte tiefere usw.

Beispiel 78: Die Sequenz im Tonraum abwärts

Die Stufenbezeichnungen zeigen an, welche Zwischentonarten innerhalb der Sequenz durchlaufen werden. Es handelt sich jedoch nicht um Tonarten im eigentlichen Sinne, denn in der Sequenz haben die Akkorde keine Kadenzierungskraft. Lediglich das Vorzeichen-Niveau bzw. die Position innerhalb der Quintenskala ist daran abzulesen.

Beim *Aufwärtsgehen im Tonraum* wird zuerst das „tiefste" ♭-Vorzeichen beseitigt (dies ist in Dur der 4. und in Moll der 6. Skalenton), dann das eine Quinte höhere usw. Befindet man sich in einer Kreuztonart, so fügt man das laut Quintenzirkel nächst folgende Kreuz als erstes hinzu, dann das eine Quinte höhere usw.

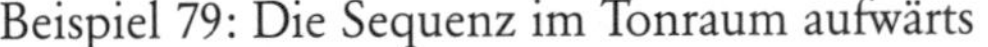
Beispiel 79: Die Sequenz im Tonraum aufwärts

Aufgaben:

1. Spielen Sie die Quintfallsequenz auf- und abwärts durch den gesamten Tonraum, indem Sie nach und nach jeweils ein Vorzeichen mehr dazunehmen bzw. abbauen: von Ges-dur aus in Richtung Kreuztonarten und von Fis-dur aus in Richtung ♭-Tonarten.

2. Spielen Sie folgende Modulationen, zunächst nur als Sequenz, dann mit verschiedenen Ausgangs- und Zielkadenzen: **G – A B – As Es – F E – D e – F B – a d – c f – g D – F B – G h – d**
3. Verwenden Sie in der Sequenz auch Akkordumkehrungen, z. B. jeden zweiten Akkord mit Terz im Bass (vgl. Beispiel 73a), mit Quinte im Bass (vgl. Beispiel 72b), abwechselnd mit Terz und Septime im Bass (vgl. Beispiel 73c).
4. Erfinden Sie eigene Sequenzen und modulieren Sie damit.
   Beispiel: Pachelbel-Sequenz (nach dem berühmten Kanon von Pachelbel)

Beispiel 80: Modulationen **C – F** und **C – G** mit der „Pachelbel-Sequenz“

4.2 Modulation mit der realen Sequenz

In der realen Sequenz werden die Intervallschrittgrößen exakt beibehalten, also nicht an die Tonart angepasst. Sie führt daher zwangsläufig aus der Tonart heraus, wie bereits an der realen Quintfallsequenz gezeigt wurde (s. S. 60). Da mit der realen Sequenz beliebig weite Tonartabstände sehr schnell überwunden werden können, bietet sie sich für Modulationsübungen zu entfernten Tonarten an.
Unsere Modulationssequenzen bestehen aus einfachen Harmonieschritten, mit denen der zwischen Ausgangs- und Zieltonart liegende Tonraum durchquert wird (zum Begriff des Tonraums und der Modulationsrichtung s. S. 9f.). Die Richtung der Modulation entscheidet über die Art der Sequenz. So gelangt man z. B. mit einer *Quintfall*sequenz in ♭-Richtung (vgl. Beispiel 70a), mit einer *Quintanstiegs*sequenz in Kreuzrichtung.

Die Ausgangskadenz: Außer der vollständigen Darstellung der Tonart hat sie hier die Aufgabe, die Modulationsrichtung anzuzeigen, indem sie sich in Kreuz- bzw. ♭-Richtung öffnet. Geht die Modulation im Tonraum aufwärts, empfiehlt sich daher am Ende der Ausgangskadenz eine Funktion, die selbst schon im Tonraum höher steht, wie die Dominante oder auch die Zwischendominante eines tonarteigenen Akkordes.
Soll im Tonraum abwärts moduliert werden, so zielt die Ausgangskadenz auf eine Funktion, die in ♭-Richtung liegt. Hier bietet sich die Subdominante an, in Dur besonders deren Mollvariante.

Ausgangskadenzen für Modulationen im Tonraum aufwärts:

Dur:	$T \quad S \quad \not{D}^{7}_{3} \quad D$	Halbschluss
	$T \quad S \quad D^{87} \quad Tp$	Trugschluss, es folgt die Zwischendominante zu ***Tp***
Moll:	$t \quad s \quad \not{D}^{v}_{3} \quad D$	Halbschluss

Ausgangskadenzen für Modulationen im Tonraum abwärts:

Dur:	$T \quad D \quad T_{3} \quad s$	Kadenz zur Mollsubdominante
	$T \quad S \quad D^{87} \quad tG$	Varianttrugschluss
Moll:	$t \quad D \quad t_{3} \quad s$	Kadenz zur Subdominante
	$t \quad s \quad D^{87} \quad tG$	Trugschluss, es folgt die Mollsubdominante zu *tG*

Aufgabe: Spielen Sie die Ausgangskadenzen nach den Funktionsbezeichnungen in allen drei Lagen in allen Tonarten. Falls Ihnen dies noch schwer fällt, verfahren Sie Schritt für Schritt so, wie es auf S. 16f. beschrieben ist. Dort finden Sie die Ausgangskadenzen auch vierstimmig ausnotiert (Beispiele 6, 7 und 8).

Die Sequenz beginnt mit dem letzten Akkord der Ausgangskadenz. Der diatonische Tonraum könnte nun z. B. in einzelnen Quintsprüngen durchquert werden, wobei eine reale Quintanstiegs- bzw. Quintfallsequenz entstünde.

Aufgaben: Spielen Sie am Klavier, in Oktav-, Terz- und Quintlage beginnend,
1. die reale Quintfallsequenz **Fis – H – E** usw.,
2. die reale Quintanstiegssequenz **Ges – Des – As** usw.,
3. beide Sequenzen nur mit Molldreiklängen,
4. beide Sequenzen mit Dur- und Molldreiklängen im Wechsel,
5. die Terzfallkette **Fis – dis – H – gis** usw.,
6. die Terzanstiegskette **Ges – b – Des – f** usw.

Diese sehr ausführlichen Wege durch den Tonraum lassen sich erheblich verkürzen, indem Quint- und Terzsprung miteinander kombiniert werden, wie in unseren nun folgenden Sequenzen.

Sequenz im Tonraum aufwärts: abwechselnd *Quintanstieg* vom Moll- zum Durdreiklang (wie ***t–D*** oder ***s–T***) und *Kleinterzfall* vom Dur- zum Molldreiklang (wie ***T–Tp***)
Auf diese Weise werden mit zwei Harmonieschritten vier Quinten *aufwärts* zurückgelegt:

Beispiel 81

Aufgaben:
1. Spielen Sie die Sequenz im Tonraum aufwärts von **Ges**, **as**, **As** und **Des** aus mit beliebigem Ende.
2. Erweitern Sie das Akkordmaterial der Sequenz mit Sextakkorden, Zwischendominanten etc., wie z. B. in Beispiel 81b.
3. Erfinden Sie eigene Sequenzen, mit denen sich der Tonraum in Aufwärtsrichtung durchqueren lässt.

Sequenz im Tonraum abwärts: abwechselnd *Quintfall* vom Dur- zum Molldreiklang (wie ***D–t*** oder ***T–s***) und *Großterzfall* vom Moll- zum Durdreiklang (wie ***t–tG***)
Auf diese Weise werden mit zwei Harmonieschritten fünf Quinten *abwärts* zurückgelegt (der Quintfall ist hier als Quartanstieg notiert):

Beispiel 82

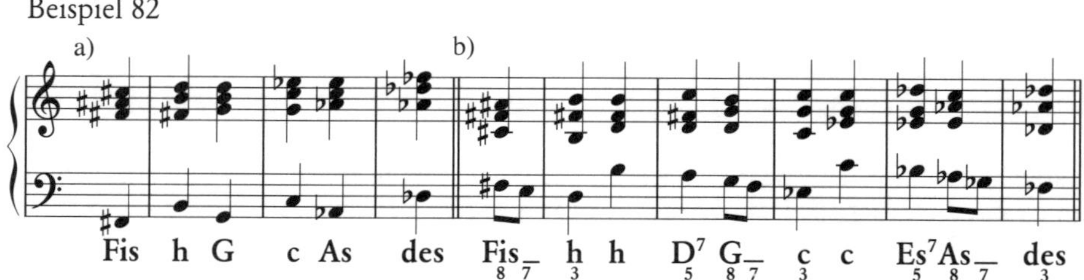

Aufgaben:

1. Spielen Sie die Sequenz im Tonraum abwärts von **Fis, cis, H, gis** und **Cis** aus mit beliebigem Ende.
2. Erweitern Sie das Akkordmaterial der Sequenz mit Sextakkorden, Zwischendominanten etc., wie z. B. in Beispiel 82b.
3. Erfinden Sie eigene Sequenzen, mit denen sich der Tonraum in Abwärtsrichtung durchqueren lässt.

Die Zielkadenz: Sobald innerhalb der Sequenz ein Akkord der Zieltonart erreicht ist, geht man in die Schlusskadenz, indem man deren Subdominante ansteuert. Wenn diese selbst in der Sequenz auftritt, lässt sich S^{6}_{5} direkt anschließen.
Für alle anderen Funktionen der Zieltonart hier eine Übersicht, wie die Zielsubdominante am besten erreicht werden kann (vgl. auch die Zielkadenzen S. 20ff. sowie die Bemerkungen zur Gestaltung der Zielkadenz):

In der Dur-Zieltonart:

$$Sp \quad S^{6} \;/\; Dp \quad T_{3} \quad S^{6}_{5} \;/\; D_{8\;7} \quad T_{3} \quad S^{6}_{5} \quad \text{oder} \quad D \quad Tp \quad S^{6}_{5} \;/\; Tp \quad S^{6}_{5}$$

In der Moll-Zieltonart:

$$tP \quad t_{3} \quad s^{6}_{5} \;/\; S \quad s^{5}_{6} \;/\; D_{8\;7} \quad t_{3} \quad s^{6}_{5} \quad \text{oder} \quad D \quad tG \quad s^{6}_{5} \;/\; d \quad D_{7} \quad t_{3} \quad s^{6}_{5} \;/\; tG \quad s^{6}_{5}$$

Wenn sich während des Modulierens herausstellt, dass in der Sequenz kein Akkord der Zieltonart vorkommt, muss die Sequenz gegen Ende etwas abgewandelt werden. Man nimmt dann z. B. anstatt eines Molldreiklangs einen Durdreiklang, oder ein Terzsprung wird durch einen Quintsprung ersetzt, so dass zwei Quintsprünge direkt aufeinander folgen, wie bei (*) in Beispiel 83.

Beispiel 83: Modulation **Des** – **Fis** (11 Quinten)

Beispiel 84: Modulation **gis** – **b** (10 Quinten)

Aufgaben:

1. Spielen Sie die Modulationsbeispiele am Klavier, zunächst nach den Akkordbezeichnungen, dann ohne Vorlage.
2. Beginnen Sie die Modulationen auch mit den anderen Ausgangskadenzen.
3. Spielen Sie folgende Modulationen:

Ges – cis	**cis – Ges**	**as – H**	**H – as**	**Des – h**	**h – Des**	**es – A**
A – es	**b – Fis**	**Fis – b**	**c – Cis**	**Cis – c**	**Ges – H**	**H – Ges**
f – dis	**dis – f**	**As – Fis**	**Fis – As**	**es – fis**	**fis – es**	

Gehen Sie dabei folgendermaßen vor:

a) Berechnen Sie den Tonartabstand und bestimmen Sie die Modulationsrichtung.
b) Fertigen Sie einen Modulationsplan an, der aus den Akkordbezeichnungen besteht.
c) Spielen Sie die Modulation am Klavier oder
d) setzen Sie sie vierstimmig aus und spielen Sie sie danach am Klavier.
e) Spielen Sie die Modulationen auch mit den erweiterten Sequenzen, wie sie in den Beispielen 81b und 82b zu sehen sind.

4.3 Modulation mit der chromatischen Sequenz

Das hier verwendete chromatische Sequenzmodell stellt eine Variante der von Abbé Vogler 1776 in seiner „Tonwissenschaft und Tonsetzkunst" beschriebenen „Teufelsmühle" dar. Während die ursprüngliche Teufelsmühle auf einem aufsteigenden chromatischen Bass beruht, geht bei der Variante der Bass chromatisch abwärts. Beide sind in der Literatur des 18. und 19. Jahrhunderts relativ häufig zu finden. Ein berühmtes Beispiel für die ursprüngliche Form findet sich in dem Lied „Der Wegweiser" aus der *Winterreise* von Schubert (T. 57–64). Die Variante verwendet C. Ph. E. Bach ganz besonders ausgiebig in seinem Rondo a-moll (Wq 56), T. 142–155, allerdings ohne zu modulieren.

Schubert moduliert mit der variierten Teufelsmühle in seinem Lied „Meeres Stille" (D 216) von F-dur nach e-moll (T. 15–25):

Beispiel 85

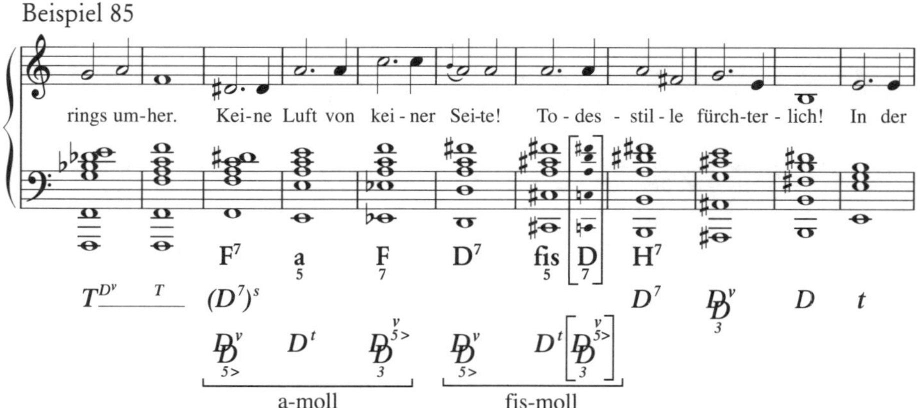

Anmerkung: Der eingeklammerte Akkord wurde hier zur Vervollständigung der Sequenz ergänzt. Er fehlt bei Schubert.

Unser Sequenzmodell besteht aus einer Folge von drei Akkorden und wird im Kleinterzabstand sequenziert. Da die Stimmbewegungen nur aus Liegetönen und Halbtonfortschreitungen bestehen, entsteht der Eindruck einer auf freier Leittönigkeit beruhenden Folge chromatischer Rückungen.
Ausgehend von einem Dominantseptakkord in Grundstellung bewegt sich der Bass in Halbtonschritten abwärts. Ebenfalls in Halbtonschritten geht gleichzeitig eine der Oberstimmen aufwärts, während die anderen beiden Stimmen liegen bleiben. Dabei entstehen wie zufällig ein Moll-Quartsextakkord und ein Dominant-Sekundakkord.
Sequenziert wird nach jeweils drei Schritten, nämlich dann, wenn eine kleine Terz chromatisch durchschritten und wieder ein Dominantseptakkord in Grundstellung erreicht ist. Während der Bass weiter chromatisch abwärts schreitet, beginnt eine andere der drei Oberstimmen (die Sept des erreichten D^7), aufwärts zu wandern. Geht man z. B. von **G**^{7} aus, so erklingen folgende Akkorde:

Beispiel 86

Man sieht hier, dass derselbe Akkordtyp nach je drei Schritten wiederkehrt. Wenn die Septakkorde in alterierte D^v-Akkorde enharmonisch umgedeutet werden, ergibt sich folgendes Notenbild, welches auch eine Funktionsanalyse zulässt:

Beispiel 87

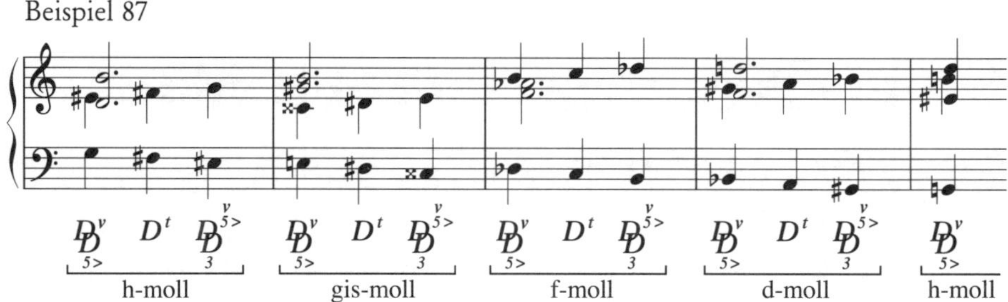

Jede Dreiergruppe ist in einer anderen Tonart funktional erklärbar. Dazwischen entsteht jeweils ein „Bruch“, eine Verbindung, welche sich funktional nicht deuten lässt. Es handelt sich um die chromatische Rückung $D^7 \Rightarrow D^7$, welche bereits zum Modulieren genutzt wurde (s. S. 52ff.).

Aufgabe: Spielen Sie die Sequenz von $\mathbf{G^7}$, $\mathbf{C^7}$ und $\mathbf{F^7}$ aus am Klavier. Spielen Sie sie auch in der Gegenrichtung: Der Bass wandert aufwärts, und jeweils eine der Oberstimmen geht abwärts.

Der Modulationsablauf: In einer Halbschlusskadenz wird die Dominante erreicht. Man versieht sie mit der Septime und beginnt mit der Sequenz. Sobald man im Bass den Dominantgrundton der Zieltonart erreicht hat, beendet man die Sequenz und kadenziert in der neuen Tonart.

Löst man die Septakkorde unserer Mustersequenz als D^7 auf (vgl. Beispiel 88), so erreicht man die Tonarten im (Doppel-)Kleinterzabstand zur Ausgangstonart: **A**, **Ges/Fis** und **Es**.
Löst man die Septakkorde jeweils als alterierten $\not{D}^{v}$ in den D^T-Vorhalt der Zieltonart auf (vgl. Beispiel 89), so erreicht man die Tonarten **H**, **As/gis**, **F** und **D**. Ist das Ziel eine Durtonart, so wird der Moll-Quartsextakkord am Ende der Sequenz verdurt.
Die noch fehlenden Tonarten **Des/cis**, **E**, **G** und **B** erreicht man, wenn man die Sequenz vom Septakkord auf der I., II., IV. oder VI. Stufe aus startet. Diese Septakkorde lassen sich tonzentral (s. S. 55ff.) oder als rückbezügliche Zwischendominanten (s. S. 41ff.) einführen.

Beispiel 88: Modulation **h – Es**

Von h-moll nach Es-dur führt die Sequenz von der V. Stufe aus nicht zum Ziel, deshalb wird hier die IV. Stufe als Startpunkt gewählt. Die Sequenz endet auf dem D^7 der Zieltonart, der trugschlüssig in die Schlusskadenz geführt wird.

Beispiel 89: Modulation **h – b**

Hier endet die Sequenz auf einem Moll-Quartsextakkord, der als Vorhalt in der Zieldominante aufgefasst und entsprechend weitergeführt wird.

Aufgabe: Spielen Sie folgende Modulationen am Klavier:
B – e G – b f – d A – f h – D d – G As – B Des – a E – F
D – a b – h F – Es